응원합니다.

당신의 인생을…

힘들어도, 울고 싶어도

포기할 순 없지
내 인생이니까

힘들어도, 울고 싶어도

포기할 순 없지 내 인생이니까

백정미 지음

하께 BOOKS

Prologue

누구도 시간의 도도한 흐름에 거스를 수 없듯이 인간은 유한하고 위태로운 존재다. 하지만 인간은 절망의 한가운데에서도 희망을 품을 수 있는 존재이기도 하다. 그러므로 자신의 내면에 감추어진 힘을 간과해서는 안 된다. 아무리 힘든 난관이 닥칠지라도 내가 헤쳐 나가야 하는 소중한 내 인생이다. 내면에 숨겨진 힘을 스스로 명확하게 인식하고 자신만의 확고한 가치관과 인생에 대한 관점을 지니고 세상을 향해 두려움 없이 나아가라.

왜 앞을 향해 걸어가야 하는가.

그것은 그대의 삶이 아무리 어렵고 고단해도 이 자리에서 맥없이 주저앉아버리기에는 눈물겹도록 아름답고 또한 그대의 삶은 단 한 번 부여받은 소중한 생명이기 때문이다.

신께서 우리에게 처음 생명을 주셨을 때 우리는 아무것도 알 수 없는 미미한 존재였지만 스스로의 노력으로 인격의 주체가 되고 사상의 중심이 되어 '나'라는 자아를 확립하고 지금까지 왔다. 그러므로 이제 자아에 대해 감사함을 느끼고 올바른 가치관을 가지고 더 아름답고 지혜롭게 현재의 자신을 가꾸어나가야 할 것이다. 지금 자신의 인생이 막막하다는 생각으로 울고 싶을 지라도 지금이야말로 자신을 괴롭히던 모든 불행과 슬픔을 떨쳐내고 분연히 일어나야 할 때다. 슬퍼도 힘겨워도 자기 인생의 주인공은 자기 자신이다. 그 누구도 자신의 삶을 대신 살아주거나 감당해줄 수 없다. 괴롭고 힘들고 울고 싶어도 내 인생이다. 내가 책임지고 열심히 살아가겠다고 다짐하라.

인생을 행복하게 살아내고 죽음 앞에 이르러서도 후회를 남기지 않을 비법은 무엇일까. 놀랍게도 그 비법들은 각기 다른 모습으로 이미 우리의 마음속에 머물고 있다. 그 모든 각각의 비법들을 적절하게 조화시켜 인생에서 최상의 보람과 가치를 창출해내는 것은 각자의 몫이다.

이 글들은 치열한 사유에 의해 탄생한 나의 의미 깊은 깨달음들이다. 나의 사명은 의미 있는 삶을 살아내기 위하여 인생의 진리들을 탐구하여서 독자들께 알려주는 것이다.

나는 작가로서 그것들의 실체를 발견하고 독자들께 제시할 것이다. 이 책을 통해 작가와 독자로서 함께 인생의 지혜를 찾아 떠나는 즐거운 여행에 동참하게 된다면 나는 그대에게 틀에 박힌 인식의 지대에서 벗어난 새로운 인생의 지평이 펼쳐질 것임을 약속한다.

contents

제 2장

삶이란 시간과 함께 걷는 것이다

제 3장

사랑은 인생을 아름답게 만든다

제 4장

꿈은 인생을 향기롭게 한다

제 5장

울고 싶어도 내 인생, 이해하며 살아가라

인간은 무엇을 생각하고 있느냐에 따라
무엇인가를 추구하는 자신의 이상을 점차 완성해가고 있는 존재다.
고로 생각한다는 것은 숭고하고 존귀한 행위이다.

제 1장

스스로
인생을
주도하라

생각의 중요성을 인식하라

가시적으로 보이지 않지만 인간에게는 잠재적으로 자아를 지배하는 것이 있다. 그것은 생각이라는 거대하고 투명한 자기장이다. 생각은 사고의 중심을 이루며 인간의 삶을 완벽하게 운영해가는 중추기관이다. 누구든지 생각을 거치지 않고서는 참다운 말을 할 수가 없으며 생각의 자궁을 거쳐 태어난 사상을 나침반 삼아 자기에게 주어진 일생을 살아가는 것이다. 때문에 사람은 무엇을 생각하고 있느냐에 따라 무엇이 되어가고 있으며 무엇을 생각하려고 하느냐에 따라 무엇인가를 추구하는 자신의 이상을 점차 완성해가고 있는 존재다. 고로 생각하는 인간은 궁극적으로 숭고하고 존귀한 존재이다. 그러므로 그대는 모든 현상에 대하여 절실히 생각하기를 멈추지 말라.

생각하기를 멈추는 순간 당신의 인생이 실패하기를 바라는 악마가 손뼉을 마주치며 박장대소하기 시작할 것이다. 생각을 하지 않는 인간은 겉은 살아 있으나 그 존재의미를 찾아볼 수 없는 미라에 불과하다. 어떤 것이든지 일단은 생각하라. 나아가 그것에 지나치게 얽매이지 말고 그 생각을 운용하고 다스리라.

생각의 바탕은 무한하게 펼쳐진 하얀 백지와 같아서 그대가 무엇을 새겨 넣든지 온순하게 순응하고 다 받아 적을 것이다. 신랑 앞에서 볼 붉힌 수줍은 숫처녀처럼 소망하는 마음의 요구들에 가만히 귀 기울이며 차츰 반응하게 될 것이다. 간절한 마음은 생각과 일생동안 동행하는 친밀한 동반자이기 때문이다. 그래서 우리는 생각과 마음의 밀접한 관계에 대하여 깊이 사색할 필요가 있다.

삶을 가치 있고 향기롭게 살아가고자 원한다면 생각하는 것에 대해 긍정적인 의미를 부여해야 한다. 생각한다는 것은 농부가 기름진 밭에 씨앗을 뿌리는 것과 같고 직공이 기계에 새로운 기름을 채워 넣는 것과 같다. 즉 삶의 필수요소인 것이다.

생각의 과정을 거치지 않은 말들을 의미 없이 내뱉는 것은 자신의 존재가치를 땅바닥에 떨어뜨리는 것과 같은 어리석은 행동이다. 그러므로 생각하라. 바른 가치를 추구하는 사상의 옷을 걸치고 인생을 살아가야 한다. 생각하지 않는 삶은 타락한 성자의 뒷모습과 같이 쓸쓸하고 애처롭다.

생각하라. 그대를 아름다운 꿈의 대지로 자상하게 인도해주는 긍정적이고 밝고 용기를 샘솟게 해주는 생각들을 하라.

그런 생각을 한 후 언어들을 조화롭게 배열하여 입 밖으로 내어 놓을 수 있다면 타인과의 의견충돌에 따른 불쾌감과 무례한 언행으로 인한 상처들을 누군가에게 무의식중에 주지 않게 될 것이며 인간에게 심각한 해를 끼칠 수도 있고 평생 희망해온 꿈을 기적처럼 이루게 해줄 수도 있으며 또한 모든 걸 일시에 포기하게 만들 수도 있는 힘을 지닌 것이 바로 생각이다.

그러므로 생각할 때 그대는 가능한 정신을 올바르게 가다듬어야 한다. 정신을 똑바로 차리지 않고 생각이 이끄는 대로 무작정 끌려가기만 한다면 자신의 일생을 스스로 제어할 수가 없다. 자신만의 확고한 가치관에 의해 생각이 걸어갈 방향을 정확하게 결정해야 한다. 그렇지 않다면 생각은 제 멋대로 우리의 소중한 인생을 끌고 명확한 방향도 설정하지 않은 채 어디론가 가버릴 것이다.

그대는 지금껏 어떤 생각을 주로 하고 있었는가.

앞으로는 보다 더 의미 있는 것들에 생각을 집중하라.

자신의 인생의 의미에 대해 깊이 사색하고 이해할 줄 아는 사람은 큰 생각을 품을 수 있는 큰 사람임에 틀림없다.

긍정적인 생각을 선택하라

바람 한 점 없는 날, 탁 트인 드넓은 잔잔한 바다는 얼마나 평화로운가. 이렇듯 모든 일이 순조롭게 풀려나갈 때 자신의 인생의 바다 또한 평화롭기를 원한다. 그렇지만 안타깝게도 변덕스러운 바다의 날씨처럼 인생바다 또한 예고 없이 먹구름이 몰려들고 파도치며 평화롭던 삶의 방향을 틀어버린다. 이렇듯 인생은 순식간에 제대로 대처할 겨를도 없이 절망의 물결과 함께 떠밀려 가기도 한다. 이렇듯 거친 파도에 휩쓸려가며 변덕스런 운명에 굴복하고 만다. 그리고 절망하여 절대 놓치 않아야 될 희망의 생각을 놓아버린다. 쓰나미처럼 몰려오는 불운 앞에서도 생각하는 것이 중요하다면 도대체 어떤 생각을 해야 하는가.

거미줄처럼 얽힌 복잡한 세상을 살아가는 현대인은 생각의 중요성에 대해 때때로 의식하면서도 어떤 생각을 해야 하는 지에 대해서는 소홀히 지나치기 쉽다. 하지만 어떤 생각을 하느냐는 인생의 가장 중요한 결정이 될 것이다.

그렇다면 도대체 어떤 생각이 자신의 인생을 행복하게 할까?

그 해답은 바로 긍정적인 생각을 하는 것이다. 긍정적인 생각은 가장 처참한 상황에 처해 있을지라도 스스로를 값싸게 동정하지 않고 가치 있는 존재라고 여기며 다시 일어설 수 있는 힘을 주는 최상의 생각이다.

어쩌면 그대는 긍정적인 생각이 인생에서 얼마나 큰 비중을 차지하고 있는 중요한 것인지를 미처 잘 모르고 지내왔을 수도 있다. 그리고 바쁜 일과에 쫓겨서 그것에 대하여 곰곰이 생각해볼 시간적 여유를 갖기가 힘들었을지도 모른다. 생각한다는 것의 중요성에 대해 또 다시 생각한다는 것은 귀찮고 번거로울 수도 있는 일이지만 참으로 중요하고 신성한 행위이다. 인생의 참된 지혜를 자신의 것으로 만들기 위해서는 반드시 거쳐야만 하는 단계이기도 하다. 사색의 필연적인 통과의

례를 거치지 못한 사람은 인생의 고난에 대해 원망할 자격조차 없을 것이다. 왜냐하면 생각의 중요성을 무시한 사람은 삶의 중요성을 망각한 사람이기 때문이다.

그러나 그대가 생각의 중요성과 유용성에 대해 깊게 인식하게 되었다고 하더라도 긍정적이고 좋은 생각들만 줄곧 할 수 없는 현실에 자칫 절망할 수 있다. 그렇다면 긍정적인 생각을 선택하기가 힘든 이유는 무엇일까.

그것은 끊임없이 부정적인 생각과 절망적인 생각 등이 뇌리 속에 집요하게 파고들어 오기 때문이다. 긍정적인 생각을 방해하는 부정적인 생각들은 옷 사이를 꼼지락거리며 기어 다니는 좀 벌레처럼 쉴 새 없이 인간의 감정과 이성 사이를 혼돈스럽게 왕래한다. 아무리 긍정적인 사람이라도 부정적인 생각을 완전하게 소멸시키기가 그래서 힘든 것이다. 부정적인 생각들은 자체적으로 에너지를 조달하며 성장한다. 그 에너지는 인간의 한숨과 의심과 절망으로부터 채취하는 열량을 영양분으로 하여 탄생한다. 그러므로 지금까지 일어난 모든 일들에 대해 자책하거나 후회하거나 탄식하는 일을 즉시 멈추어야 한다. 그러한 어리석은 행동들이 바로 부정적인 생각들을 키운다는 사실을 기억하라.

부정적이고 절망적인 생각들은 긍정적인 생각들을 잡아먹으며 성장하므로 자신의 인생에 회의감이 들거나 의욕이 줄어들게 되면 그 시점을 정확하게 파고들어서 비약적으로 더 커지게 된다. 그래서 우리들이 한숨을 내쉬면 내쉴수록 후회를 하면 할수록 긍정적인 생각들은 점점 더 자취를 감추게 되고 거대하게 괴물처럼 자라난 부정적인 생각들이 내면에 가득 들어차게 된다. 이 얼마나 끔찍한 일인가.

그대는 이제 긍정적인 생각들을 각별히 보호하고 지켜내야 한다. 그러기 위해서는 자신이 지금까지 습관적으로 해오던 행동들에 대해 다시금 되돌아보고 인생을 비참한 구렁텅이로 몰아가던 치명적인 부정적인 생각들을 쫓아내야 할 것이다.

그렇지만 이 일은 웬만한 결심으로 이루어낼 수 있는 쉬운 일은 아니다. 매우 오랜 시간이 걸릴 수도 있는 힘겨운 사투의 시간이 될 수도 있다. 그만큼 긍정적인 생각을 자신의 의지대로 선택한다는 것은 어렵고 부단한 끈기와 의지가 필요한 일이다. 그러므로 긍정적인 생각을 하는 것은 부단한 자기 노력이 수반되어야 한다.

현실의 삶이 어렵고 힘들어도 웃으면서 살고자 노력하라. 괴롭고 슬퍼도 이 위기를 헤쳐 나갈 힘이 자신의 내면에 있다는 것을 굳게 믿어라.

자신을 믿어주고 스스로에게 용기를 줄 수 있는 것이 긍정적인 사람의 특징이다. 긍정적인 생각을 하며 산다는 건 스스로를 지키는 가장 강한 보디가드를 둔 것과 같다. 주위에서 아무리 불행한 일들이 펼쳐진다고 해도 긍정적으로 그 상황을 바라볼 수 있는 사람에게 불행은 오히려 행운이 될 것이기 때문이다. 긍정적인 생각은 긍정적인 인생을 만든다.

마음껏 즐겁게 상상하라

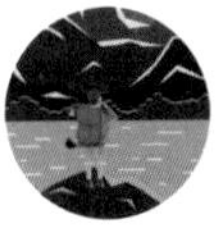

상상하라. 상상하고 또 상상하라. 그대의 심장이 미지의 것들에 대한 기대로 장밋빛으로 두근거리고 마음이 천상의 끝까지 벅차오를 때까지 상상하라. 상상한다는 일이 얼마나 즐겁고 흥미로운 것인지 체험하게 된다면 상상의 나래로 뇌 전체가 들썩이고 근질거릴 것이다. 순수한 사람일수록 상상을 잘한다. 세속에 오염되고 찌든 사람은 현실의 일들에 얽매이고 허덕이느라 상상을 할 마음의 여유를 잊고 살기 때문이다.

삶을 가장 재미있게 그리고 모험심 넘치게 사는 방법 중 하나가 상상하는 일을 즐겨 하는 것이다. 상상은 무료한 일상에 활력소가 되어줄 것이며 답답한 생활에 시원한 청량음료가 되어줄 것이다.

상상은 생각이 겁 없이 진화한 단계이다. 한 마디로 당돌하고 겁 없는 녀석이라고 할 수 있다. 내 성격하고 좀 비슷한 구석이 있는 녀석이다. 과거에 나는 아주 겁 없이 생애 처음 쓴 글을 용감한 어린이처럼 열에 들떠 여러 출판사에 투고 했었다. 결과는 모든 곳으로부터의 산뜻한 거절이었다. 참혹한 결과 앞에 나는 한동안 심하게 괴로워했다. 나 자신의 능력을 의심하기도 하고 과연 이것이 내가 가야할 길인가 하는 의문을 던지기도 하였다.

그러나 나는 엉뚱 발랄하고 낙천적인 상상의 소녀였다. 상상 속에서 나는 최고로 감동적인 책을 집필할 불멸의 작가가 될 사람이기 때문에 이런 실패로 인해 포기하고 좌절할 수 없었다. 나는 다시 우직하게 하루하루 글을 썼다. 그리고 매일 나는 또 살포시 미소를 지으면서 상상했다. 내가 쓴 책들이 베스트셀러를 넘어서 밀리언셀러가 되어 많은 독자의 가슴에 잔잔한 파문을 일으키게 되는 것을.

상상을 하는 데 있어서 나이 제한이나 학력 제한 또는 출신지역에 따른 지역감정으로 인한 차별 등은 전혀 없다.

"당신은 나이가 60이 넘었으니 아쉽지만 상상할 수 있는 기회를 상실했습니다." 라거나

"당신은 대학을 나오지 못했으니 상상하는 시간을 30분으로 제한하겠습니다." 라거나

"당신은 어느 지역 출신이니 상상은 그 지역에서만 비밀리에 해야 합니다." 라는 엄한 규제 또한 전혀 없다. 그러니 자유롭게 자신만의 독특하고 기발한 상상을 즐겨 보길 바란다.

상상은 꿈꾸는 세상으로 이끌어준다

어떤 사람이 중요한 자격증을 따기 위해 며칠 후에 시험을 본다고 하자. 그 사람에게는 시험에서 떨어진다는 일은 생각조차 하기 싫은 끔찍한 일이다. 상상의 세상에서는 자신이 원하는 자격증을 따고 난 후에 자기가 할 일들에 대해 미리 경험하게 해주며 무한대로 그 분야에서 성공한 자신을 떠올려 볼 수 있다. 그대는 상상의 세상에서 엄청난 파워 맨이다.

그러나 매우 유감스럽게도 그는 안타깝게 불합격 통지를 받고 말았다.

그는 이제 두 갈래 길 앞에 홀연히 서게 된다.

이대로 포기하고 말 것인가. 다시 한 번 도전할 것인가.

인생에서 실패한 사람은 돈을 많이 모으지 못한 사람이나 건강을 잃은 사람이 아니다. 그는 진정한 인생의 아름다운 면을 발견하지 못하고 삶을 긍정적으로 해석하지 못하여 스스로 불행의 구렁텅이에 빠져든 사람이다.

만약 그대가 어떤 일에 대한 실패나 좌절로 인해 힘든 시기에 가로 막혀 혼란함을 겪고 있다면 부정적인 생각을 떨쳐버리고 반드시 긍정적인 생각을 선택하라.

나치의 포로로 수용소에 감금된 채 잔인한 생체 실험 등 잔혹한 학대를 받은 유대인들과 일본 제국주의에 나라를 잃고 모든 행동을 제약당하며 고통스런 삶을 견뎌야 했던 우리의 조상들에게는 행동을 자신의 의지대로 마음껏 선택할 자유가 없었다. 하지만 그러한 비참한 상황에서도 그들은 영혼의 자유를 꿈꾸었을 것이고 조국의 독립을 생각했을 것이다.

생각은 죽음조차 초월하여 처연하게 피어오른다. 삶의 고통에 좌절하여 긍정적인 생각을 포기하고 부정적인 생각으로 하루하루를 대충 살아간다면 그 부정적인 생각은 서서히 중독에 이르는 마약처럼 그대의 인생에 치명적인 불행을 불러올 것이다. 이렇듯 실패한 인생을 사는 사람은 어떤 일에 도전하여 실패했을 경우에 실망감과 자책감과 자괴감에 사로잡힌 채 힘없이 포기하고 마는 사람이 대부분이다. 그리고 자신의 능력에 대해 철저하게 불신한다.

'나는 이정도 밖에 안 돼.'

'더 이상은 발전할 수 없어.'

이렇게 자기 자신을 비하하면 당연히 자신은 행복과 성공의 영역에서 더욱 더 멀어질 수밖에 없다.

실패하고 좌절한 그대, 여기를 주목하라.

여러분이 만약 어떤 일에 도전하여 깔끔하게 실패하고 말았다면 이제 자신 안에 늘 내재되어 있던 놀라운 상상의 능력을 발휘할 시간이 된 것이다.

누군가에게 뭔가를 제안하였는데 경멸하는 눈빛과 함께

거절당하고 말았는가.

몇 년 동안 벼르고 벼르던 일에 모든 걸 걸고 투자하여 뛰어들었다가 모아둔 돈은 물론이고 다른 이들로부터 빌린 돈도 채 갚지 못하고 졸지에 신용불량자가 되고 말았는가.

괜찮다. 아무 걱정 하지 말기 바란다. 위에 열거한 것들보다 더 지독한 실패를 거뜬히 물리치고 지금 이렇게 성공한 내가 여러분에게 실패를 딛고 일어설 비법을 알려줄 것이다.

실패를 많이 한다는 것은 그만큼 더 크게 성공할 가능성이 점점 높아지고 있다는 반증임을 기억하라.

단 한 가지 조건은 분명히 있다. 실패를 통해서 교훈을 얻어야 한다는 점이다.

왜 그 일을 해서 실패했는지 생각해 보라.

왜 그에게 거절당했는지.

왜 그렇게 혹독한 평을 들어야 했는지.

왜 전 재산을 모조리 탕진하고 말았는지에 대해 사고(思考)하지 않는다면 그런 실패들을 또 다시 되풀이해서 겪을 수 있다.

실패를 이겨내기 위한 기초단계는 실패의 원인을 정확하

게 분석해내는 기술이다. 그러나 실패의 원인만 밝혀낸다고 해서 성공한다는 보장은 어디에도 없다. 행복과 성공이 아름답게 공존하는 세계에 다다르기 위해서는 반드시 상상의 힘이 필요하다.

그대가 배우 지망생이라고 한다면 이렇게 상상하라.

나는 지금 세계 최고의 권위를 자랑하는 영화제에서 주연상을 받고 수많은 관중들의 열렬한 기립박수소리와 함께 연단에 서 있다. 나의 손에는 황금으로 장식된 트로피가 쥐어져 있고 수백 명의 카메라 기자들이 나를 찍기 위해 바삐 셔터를 눌러댄다.

만일 그대가 작가 지망생이라면 이렇게 상상하라.

내가 대한민국에서 가장 크고 유명한 대형서점에서 열리는 팬 사인회를 하기 위해 입장하려고 하는데 오직 나를 한 번만이라도 보기 위해 모여든 극성팬들로 인해서 곤란을 겪고 있다. 내가 집필한 책은 없어서 못 팔 지경이다. 사인회를 하다 손가락이 저리고 아프고 지쳐서 그만 쉬고 싶다는 생각이 간절히 들 만큼 많은 사람들이 나의 이름을 애타게 연호한다.

그대가 회사에서 말단 직원이라면 이렇게 상상하라.

나는 지금 본사의 가장 꼭대기 층에 위치한 화려하고 멋진 대표이사 실에 근엄하게 앉아 비서의 보고를 받고 있다. 나의 말 한 마디면 수천 명의 직원들이 일사분란하게 움직이며 주식시장에서 우리 회사의 주식은 최고 시세로 거래되고 내가 추진하는 모든 일들은 다른 기업들에게도 롤 모델이 될 만큼 창의적이고 새로워서 다들 우리 회사의 기업정신을 따라 하느라 바쁘다.

그대가 앞으로 장사를 하고 싶다면 이렇게 생각하라.

이른 새벽 가게 문을 열기도 전에 물건을 사거나 음식을 먹기 위해 각지에서 모여든 손님들이 길게 줄을 서 있다. 현금이 너무 많이 들어와서 금고에 쌓아두기도 벅차다. 내가 운영하는 가게는 연일 언론에 대대적으로 보도되고 나는 그 지역의 유명인사다. 분점을 내고 싶다는 사람들의 전화가 너무 많아 골치가 아플 지경이다. 내가 운영하는 가게는 가장 좋은 물건을 가장 적절한 가격으로 최고의 친절함을 더해 파는 곳으로 전국에 이름을 떨치고 있다. 너도나도 장사의 비법을 전수받고자 나를 찾아온다. 손님들이 우리 가게의 물건이나 음식이 없다면 무슨 재미로 세상을 살겠느냐고 푸념한다.

이 정도 상상은 해줘야 여러분은 자신의 영역에서 최고가 될 수 있다.

상상을 하라. 어떤 상상을 해야 할까. 바로 그대 자신이 바라는 모든 것들을 자랑스럽게 이루어내고 생애를 통틀어 가장 행복한 미소를 짓고 있는 모습이다.

인생의 시련이란 것들에 대해 홀연히 초연해지는 경지에 이르도록 하라. 그대는 충분히 그럴 수 있는 역량이 있다. 가장 멋진 모습의 자신을 상상하며 꿈을 향해 한 발 한 발 경쾌한 발걸음으로 걸어 나갈 수 있는 사람이 되라.

건전하고 진취적인 생각은 농부가 밭에 씨앗을 뿌리는 것과 같고
직공이 기계에 새로운 기름을 채워 넣는 것과 같다.
즉 삶의 필수요소인 것이다.

제 2장

삶이란 시간과 함께 걷는 것이다

우주의 血, 시간

인간의 몸 안에 형성되어 있는 혈관의 길이는 약 12만 5천km로 지구 두 바퀴를 돌고도 남는 거리라고 한다. 우리의 몸 안을 돌고 있는 피의 도로라고 할 수 있는 핏줄의 총 길이가 지구 두 바퀴를 돌 수 있는 거리라니 얼마나 놀라운 사실인가.

우리는 혈관이 막히면 조영제를 투여하고 문제를 일으킬 소지가 많은 부분을 관찰해서 이상이 있으면 적절하게 치료하여 생명을 연장시킨다. 피의 이동경로를 확인한다는 것은 환자에게는 매우 중요한 일이다. 어디에서 혈로가 막히는지 어디에 구멍이 생겼는지 그 원인이 무엇인지를 보다 더 정확히 파악해야만 치료를 할 수 있기 때문이다. 그래서 사람들은 급박한 위기의 순간에 전신마취에 동의하고 혈관 조영 수술을 받는다. 혈관 조영술은 어느 정도의 위험성과 부작용이 있을 수도 있지만 무엇보다 생명의 위급한 상황을 넘기는 일이 우선인 것이다.

시간이란 인간의 혈관 속을 쉴 새 없이 흐르는 피와 같다. 피는 인간의 혈관 속으로 흐르고 시간은 우주의 혈관 속으로 영원히 흘러가는 무형의 존재인 것이다.

그러나 우주의 피인 시간은 인간의 피와 다른 점이 있다. 그것은 한 번 떠나가면 다시 되돌아올 수 없다는 것이다. 우리 몸속의 피는 끊임없이 순환하지만 우주를 관통해 흘러가는 시간은 순환할 수가 없다. 한 번 지나가면 그걸로 마지막이다. 그 순간을 또다시 체험할 수가 없다. 지금 이 순간, 우리의 곁을 스치고 지나가는 그 찰나의 순간은 우주가 선물하는 단 한 방울의 생생한 피인 것이다. 한 번 떨어지면 다시는 주워 담을 수 없는 핏방울이 지금 우리들 앞에 무수히 떨어져 내리고 있다.

우주의 血인 시간을 경외하는 마음으로 받들고서 삶을 살아가야 하는 것은 인간으로서 당연히 갖추어야 할 소양이라고 말할 수 있다. 왜냐하면 우리의 육체는 우주의 입자로 구성되어졌으며 언젠가는 다시 우주의 입자로 되돌아갈 것이기 때문이다. 우주와 인간은 당연히 일치한다. 그러므로 시간과 인간도 동질감을 느낄 수밖에 없는 존재인 것이다. 인간을 성장시키고 노화시키고 소멸시키는 것이 시간이듯 시간을 운영하고 이해하고 처리하는 것 또한 인간의 영역이다.

단 한 번 주어진 시간이란 우주의 신성한 피는 인간의 영혼 속으로 깊숙이 흡입되기를 원한다. 덧없이 아무 곳에나 떨어져서 흩어져 사라지기를 원하지 않는다. 시간은 항상 인간에게 소중한 존재로서 대우받기를 간절히 원하는 것이다.

만일 이러한 시간의 간절한 염원을 무시하고 함부로 낭비하거나 아무 곳에나 투척해 버리거나 도외시한다면 그만큼의 손실을 입을 수밖에 없다. 왜냐하면 시간은 인간을 성장시키고 완성해가는 주도적 역할을 하기 때문이다. 시간을 소중하게 생각하고 사용해야 우리들의 삶이 안정적으로 유지되고 미래를 보장받고 앞날에 대한 걱정으로 불안에 떨지 않게 될 것이다.

중환자실 수술대 위에 인간이란 환자가 누워 있다.

마취과 의사가 환자의 상태를 면밀히 주시하면서 심도를 조절하고 수액과 혈액을 공급해주고 있다. 만일 피가 흐름을 멈춘다면 환자의 목숨을 보장할 수가 없는 상황인 것이다. 끊임없이 피가 흘러갈 수 있도록 우주라는 의사가 환자의 곁에서 세심하게 주의를 기울이고 있는 중이다.

"선생님, 이 환자 생존할 수 있을까요?"

의식이 아직 돌아오지 않고 있는 환자를 보면서 안타까운 심정으로 인간의 보호자인 시간이 우주라는 의사에게 묻는다. 의사는 아무런 말도 하지 않고 고개를 끄덕인다. 시간이 서둘러 인간의 몸속으로 들어가려고 한다. 자신이 도와주면 환자가 더 빨리 살아날 것만 같은 안타까운 마음에 평소에 하지 않던 행동을 하려고 하는 것이다.

그 모습을 본 우주가 황급히 말린다.

"안됩니다. 당신은 정해진 간격만큼만 인간에게 투여될 수 있습니다. 도와주고 싶다고 더 빨리 들어가서도 안 되고 미움이 생겼다고 더 느리게 들어가서도 안 되는 것이 당신의 임무입니다. 늘 지켜오던 속도로 흘러들어가세요."

우주란 의사가 피를 공급해주던 관을 사전 예고도 없이 빼낸다. 환자가 비틀거리며 신음소리를 낸다.

"왜 피를 더 이상 공급해주지 않는 겁니까?"

시간이 걱정스럽게 묻는다.

"이제 이 환자는 스스로 피를 만들어낼 것입니다. 당신이 도와주세요. 늘 그랬듯이 곁에서 지켜보고 응원해주세요. 때로는 당신을 외롭게도 할 것이고 가끔은 당신을 아예 잊고서 살아갈 수도 있을 것이지만 초심을 잃지 마시고 이 환자 곁에 끝까지 함께 해주세요. 그러실 수 있죠?"

우주가 시간의 손을 꼭 잡으면서 당부한다.

"그럼요. 저는 늘 인간에게 한결같은 마음으로 대하니까요. 인간이 저를 함부로 대한다고 해서 조금만 준다거나 저를 특별하게 대해준다고 해서 많이 준다거나 하지는 않습니다. 그렇지만 저란 존재를 의식하고 낭비하지 않는 인간은 대부분 좋은 결과를 얻더군요. 그것이 당신이 바라는 바가 아닌가요?"

우주가 대답대신 의미 있는 눈웃음을 지어 보였다.

지금 이 순간에도 우주의 피는 공간 사이로 유유히 흐른다.

누구에게나 공평하게 주어진 그것을 어떻게 운영하는가에 따라서 인생의 결과가 달라질 것이다.

한 방울의 시간도 아껴 써야 한다. 헛되이 보내도 괜찮은 시간은 이 세상 어디에도 없다. 우리에게 주어진 시간은 바로 생명 그 자체이기 때문이다.

삶이란 시간과 함께 걷는 것

만약 우리들이 먼 여행길을 홀로 떠나야만 한다면 그것은 굉장히 힘든 고역의 시간이 될 것이다. 게다가 가는 도중에 지친 몸을 받아줄 운치 있는 정자 하나도 발견할 수도 없고 지나쳐가는 버스 한 대도 없으며 스치는 사람 한 명 없다면 얼마나 외로울 것인가.

아무리 혼자 여행하는 걸 좋아하는 사람이라도 아무도 반겨주지 않으며 어떤 자극도 없는 그런 여행을 떠나라고 한다면 망설일 것이다. 그런데 그런 막막한 여행길이 과거에 존재했거나 현재에 존재하거나 미래에 존재할 모든 인간에게 빠짐

없이 주어진 것을 알고 있는가. 모든 인간은 그런 외로운 여행자라는 것을.

그것은 겉으로 보이는 그런 여행이 아니라 스스로 견디고 헤쳐 나가야만 하는 내면의 여행이기 때문에 이 여행에 대한 안내서나 체험수기 등은 존재하지 않는다. 인간이라면 누구라도 혼자서 떠나야만 하는 내면의 여행은 자신의 의중으로 목적지를 정하고 가는 방법과 시기 또한 자신스스로 결정지어야 한다. 다른 사람들에게 조금씩 조언을 구할 수는 있지만 최종 선택은 어차피 자신의 책임인 것이다. 이 내면의 여행이 바로 삶이다.

삶의 여행은 아무리 걸어도 끝이 보이지 않는다. 지평선 끝까지 간다고 해서 삶이 끝난다고 단언할 수도 없다. 이제 그만 걸어가고 싶다고 해서 스스로 목숨을 끊는 잔인한 일을 저지르는 사람이 있기도 하지만 그것은 가장 실패한 삶의 모습일 뿐이다. 대부분의 사람들은 아무리 괴로워도 참고 견디면서 삶이란 길을 묵묵히 걸어가고 있는 것이다.

즐거운 일이 있어서 마냥 행복할 것만 같았다가도 변덕쟁이처럼 괴롭고 감당하기 버거운 일과 맞닥뜨리게 되는 것이 삶의 길에 나선 우리가 겪는 숙명이다. 마지막 순간까지 전적으로 자신이 책임지고 살아가야하는 마음대로 벗어버릴 수 없는 굴레를 짊어지고 가야만 하는 것이다.

이러한 인간의 곁을 함께 동행 하는 시간이 있다는 사실을 알고 있는가.

어머니의 자궁 안에 잉태된 순간부터 우리의 곁에는 시간이 있었다. 신의가 있는 친구처럼 시간은 한 번도 우리 곁을 떠난 적이 없다. 만약 시간이 인간의 곁을 떠난다면 아마 우주가 소멸되었을 때일 것이다. 그러나 우주는 소멸하지 않는다. 그러므로 시간은 불멸하는 진리의 매개체인 것이다. 언젠가 육체적인 삶이 끝나더라도 시간은 인간의 영혼을 지켜줄 것이다. 그것이 시간이 지닌 영원성이다.

이처럼 한 번 우리와 인연을 맺게 된 시간은 그 어떤 것보다 오래오래 우리 곁에 머물며 온갖 삶의 희로애락을 공유하게 된다. 인간의 삶은 시간과 함께 걸어가는 여행이다.

현상 뒤에는 시간이 있다

모든 현상 뒤에는 시간이 있으며 그러한 시간 속에는 인간이 있다. 시간의 지속적인 보호를 받으며 살아가는 우리지만 가끔은 우리도 시간을 지켜주고 배려해주는 삶을 살아가야 하지 않겠는가. 왜 우리는 시간에게 매일 받기만 하는 것일까.

만일 시간을 보호하고 위해주려는 마음을 갖지 않고 시간의 진심을 거스르는 행위를 계속 한다면 결국 파국을 맞이할 수밖에 없다. 시간의 진심은 인간이 성실하고 근면하게 자신의 할 일을 하며 타인에게 상처주지 않고 자연에 감사하고 살아있는 모든 것들에게 진심을 가지고 살아가는 것이다. 이렇듯 시간은 도도한 강물처럼 우주의 통로를 변함없이 흐르고 있다. 변화하는 것은 인간의 마음이다.

아름다운 세상, 정이 넘치는 사회, 사랑이 가득한 가정을 만들기 위해서는 밝고 향기로운 현상을 추구하는 자세가 견지되어야 한다. 하지만 우리는 지극히 당연한 이 일을 도외시하고 단지 한 순간의 욕구를 채우기 위해 열정을 불사르기도 하고 잠깐의 분노를 제어하지 못해 평생을 후회할 짓을 저지르고 만다. 그렇게 충동적이고 이기적인 생활을 해나간다면 그에 걸 맞는 불행한 현상들이 일어날 것은 불을 보듯 당연한 일이다. 서로의 마음을 다독여주고 인간과 인간 서로가 원하는 바를 미루어 짐작하여 배려해주고 원치 않는 일을 억지로 시키지 않는 것이 인간으로서 해야 할 일이다. 자신이 하고 싶지 않은 일을 타인에게 강요하지는 않았는지 되돌아보자.

시간은 아주 작은 어리석은 행위도 기억하고 있다. 그 일이 특히 타인에게 상처를 입히고 자연을 훼손하고 자신을 속이는 일이라면 더욱 또렷하게 그것을 인지하고서 그에 상응하는 현상이 나타나도록 만든다. 그것은 시간의 임무다.

인간이 바른 방향으로 나아가지 않고 어둡고 습한 악의 길로 들어설 때 시간은 가슴 아파하며 잘못을 바로잡아주고 싶어 한다. 그래서 그런 행동을 하는 사람에게 시간은 반드시 그것보다 더 큰 아픔과 후회를 주는 것이다. 인간의 모든 현상을 지켜보고 있는 시간은 언제나 공명정대하게 세밀하게 관찰한다. 그럼으로써 긍정적인 행위로 세상에 이로운 영향을 끼치는 사람에게 시간은 그에 상응하는 보상을 준비한다. 만일 생전에 그가 세상 사람들로부터 억울하게 매도당하였더라도 훗날에는 그의 억울함을 풀어주게 만들고 재평가 받을 수 있도록 도와준다.

반면 부정적인 행위로 세상에 해로운 영향을 끼치는 사람에게도 시간은 역시 공평하게 보상을 준비한다. 만일 생전에 그가 그럴듯한 처신으로 사람들로부터 존경받으면서 온갖 부귀영화를 차지하고 안락하게 살았더라도 그가 행하였던 행위가 부도덕하고 위선적인 행위였다면 후세 사람들에 의해 낱낱이 밝혀져서 죽어서도 부끄러운 사람이 되게 만든다. 시간은 공명정대하며 정의롭기 때문이다.

오늘 그대의 삶에 어떤 현상이 나타났는가.

자신에게 나타난 모든 현상의 배경에는 시간이 있었음을 기억하라.

오늘 자신의 주변에서 어떤 일들이 벌어졌는가.

그 일들의 바탕에는 시간이 있었음을 역시 상기하라.

어떤 일이든 시간은 그것을 기억하고 있다. 물 한잔을 마셔도 사소한 생각을 해도 무심코 한 마디를 내뱉을 때에도 시간이 언제나 곁에 있음을 우리는 기억해야 할 것이다.

시간의 본성

글을 쓰는 일은 켜켜이 쌓여 있는 생각을 파헤치는 고된 작업이기도 하지만 정신적 희열을 느끼게 하는 최고의 유희이기도 하다. 그러나 항상 마르지 않는 샘물처럼 타인의 가슴을 촉촉하게 적셔줄 지혜의 즙을 부단히 짜내기 위해서는 내부에 그만큼의 사상들이 깃들어 있어야 한다. 그래서 나는 영혼의 가뭄을 예방하기 위해 산책을 한다. 산책하는 일은 새로운 시간 속으로 즐겁게 뛰어드는 일이다. 볼에 와 닿는 바람의 느낌이 어제와 다르고 똑 같은 건물의 외벽을 바라보는 내 마음도 어제와 다르다. 햇살의 농도도 매일매일이 다르다. 그래서 생각의 깊이를 더하고자 할 때면 가벼운 발걸음으로 산책을 한다.

어느 무더운 여름 날, 햇살과 바람과 풍경의 새로움에 찬탄하면서 걸어가고 있는 내 눈을 사로잡은 것이 있었다. 그것은 붉은 상사화와 끊임없이 접촉을 시도하는 한 마리 검정색 나비였다. 기하학적인 형태를 지닌 나비의 날갯짓은 순간을 포획하는 사진작가의 눈동자마저도 집어삼킬 만큼 강렬했다. 마치 장례식장에 조문 온 정체가 불분명한 의문의 사람처럼 온통 검은 색으로 칠해진 나비는 비현실적인 모습으로 태양보다 더 붉게 타고 있는 상사화 꽃대를 향해 나부시 날아들었다. 평소에 보기 힘든 신기한 장면에 매료된 내가 휴대폰으로 수선스럽게 사진을 찍어도 나비는 전혀 개의치 않고 상사화와 다정하게 밀어를 속삭였다. 붉은 상사화와 검정색 나비의 오묘한 교류가 시간을 곱게 으깨어서 환을 만들어주었다.

시간의 환, 그것은 정적이었고 깨달음이었다.

병약한 아이들이 쓰디쓴 한약을 삼키는 것은 고역이다. 어른들은 그런 아이들을 위해 환약을 먹인다.

"먹어보렴, 전혀 쓰지 않아."

단맛을 내는 감초가 들어간 것인지 환약은 쓴 맛이 약하다. 그러나 그것의 본질은 결국 한약이다. 본질은 변하지 않은 것이다. 시간의 환이란 인간이 시간의 본성을 깨닫는 경이로운 순간이다. 이러한 시간의 환약을 받아들고서 삼킬까, 말까 망설이고 있을 때 문득 나비의 성장과정이 뇌리를 스쳐갔다.

알에서 깨어나 애벌레가 된 후 다시 번데기로 자신을 은폐시킨 후 마침내 완전한 성충이 되는 나비의 성장과정은 겉보기에 그다지 복잡하지도 않고 새삼스럽지도 않은 것만 같다. 알에서 성충까지의 과정을 1세대라고 하는데 모든 나비들이 1세대 (1년에 한 번만 이러한 성장과정을 거치는 것)만 거치는 것은 아니다. 어떤 나비들은 2세대, 3세대를 거치기도 한다. 동일한 시간 안에서 나비들의 성충이 되는 속도가 다르다는 것은 의아한 일이기도 하다. 정원 위에 팔랑거리면서 날아다니는 나비나 도시의 자동차 소음에 파묻힌 채 인도 위 고무화분에 핀 꽃 위를 얼쩡거리는 나비나 결국은 서로 다르지 않은 나비들인데 그들에게도 생의 완성은 동일하지 않았던 것이다.

인간 역시 마찬가지다. 외면적으로 보면 모든 인간은 별다를 것 없다. 남자와 여자의 구분만 있을 뿐 연령에 관계없이 인간의 모습은 별다를 게 없다. 하지만 인간의 심성과 인격은 모두 같을 수가 없다. 그것은 왜 일까.

두 눈에 두 팔에 두 다리에 비슷한 외모의 인간이지만 한 사람은 사회에서 존경받고 사랑받으면서 인정받는 삶을 사는가 하면 또 누군가는 사회에서 제거해야할 악의 축으로 내몰리는 기피의 대상이 되는 것을 보라.

겨우 1세대만 거친 나비가 있는가 하면 인고의 시간을 극복하고 2세대, 3세대를 거치는 나비가 있듯이 인간도 1세대만 거친 단순한 형태의, 본능에만 의존하는 인간이 있는가 하면 피나는 노력과 헌신으로 2세대, 3세대를 거치며 회자되는 인간이 있기 때문에 인간마다 삶의 결과가 그렇게 다른 것이 아닐까.

무엇인가를 이해하려면 그것의 배경을 이해해야 한다. 우리가 어떤 사람을 이해하려면 그 사람의 집안 환경, 사회적 위치, 살아온 이력 등을 알아야 하듯이 시간에 대해서도 마찬가지다. 시간을 이해하려면 가장 큰 배경인 흐르는 것이 시간의 본질이라는 것을 확실히 깨달을 필요가 있다. 정체되지 않고 고여 있지 않고 붙잡아도 결코 손아귀에 사로잡히지 않는 것이 시간이다. 이러한 시간의 가장 기초적인 본성을 이해한다면 시간의 본성을 깨닫는 일이 한결 수월해질 것이다. 또한 진정한 시간의 본성은 평등이다. 지속적인 흐름, 누구에게나 평등한 흐름이 시간이다. 부자에게는 하루에 25시간을 주고 가난한 사람이라고 하루에 23시간이 주어지는 것을 본 적이 있는가.

대통령에게는 한 시간에 61분을 주고 쓰레기를 치우는 거리의 환경미화원에게는 한 시간에 59분만 주어지는 것을 본 적이 있는가.

임종을 앞둔 말기 암 환자에게는 야속하게도 1분에 59초만 주어지고 99세의 건강한 수전노에게는 1분에 61초의 시간이 주어지는 것을 본 적이 있는가.

이렇듯 누구에게나 예외를 두지 않고 공평하게 제공되는 시간을 그대는 지금 어떻게 사용하고 있는가.

최고로 성공하는 비법

세계에서 가장 부유한 사나이가 자신이 성공하게 된 비법을 알려주겠다고 날짜를 지정하자 세상이 발칵 뒤집힌 것처럼 열광적인 반응이 일어났다. 헤아릴 수 없을 만큼 많은 재산을 소유한 그는 자선사업에도 엄청난 액수의 기부를 한 인물로 존경받는 부자이기도 하다.

사람들은 그 날이 오기만을 손꼽아 기다렸다.

'그는 도대체 어떻게 그 많은 부를 모은 것일까. 나도 그 비법을 알고 싶다. 그리고 그 사람처럼 큰 부자가 되고 싶다.'

그런 생각을 한 사람은 다리 밑 하천 옆에서 천막에서 생활하는 빈곤한 사람이나 빌딩 몇 채를 보유하고 있는 건물주 또한 마찬가지였다. 손가락으로도 꼽을 수 있는 세상에서 가장 부유한 사나이의 비법을 듣는 날 만을 온 세상 사람들이 애타게 기다리고 있었다. 언론들은 부유한 사나이가 약속한 날을 기점으로 올림픽 개회식 카운트다운을 하듯 날짜를 헤아리기 시작하였고 그의 파란만장한 일생을 새롭게 조명한 각종 다큐멘터리들이 제작되어 높은 시청률을 올리면서 연일 뜨거운 화제가 되기도 했다.

드디어, 약속한 날이 되었다. 별로 새로울 것도 없는 어제와 똑같아 보이는 태양이 떠오르고 시계의 초침은 분주하게 오전 열시를 향해 달려가고 있었다. 인터뷰를 하겠다고 지정한 장소에는 군중들이 구름떼처럼 모여서 그가 나타나기만을 기다리고 있는 중이었다. 그가 나타나면 사람들은 환호성을 지르며 그의 성공비법을 하나도 빼놓지 않고 새겨들으리라는 결심이 그들의 눈빛에서 빛나고 있었다.

몹시 화려한 차림의 사회자가 그의 이름을 부르기 위해 목청을 가다듬고 있었다. 째깍째깍 시간은 어느덧 아홉시 오십

분이 되었다. 사람들의 시선은 오색풍선과 꽃으로 장식된 입구를 향하여 고정되었다. 그는 분명히 최고의 부자답게 번쩍이는 광채가 나는 값비싼 자동차를 타고 저 입구를 통과해 올 것이었기 때문이다.

"아홉시 오 십 칠분!"

사회자가 애가 타는지 카메라를 바라보다가 다시 입구를 바라보기를 반복하면서 경직된 표정으로 시각을 발표하였다. 약속시간을 1분 남겨두자 군중들은 술렁이기 시작했다. 사회자의 얼굴은 금방 숨을 멈춘 것처럼 먹빛으로 변해갔고 초조함에 입술이 바짝 타들어갔다. 그가 오지 않는다면 광고주들에게 방송국은 막대한 피해보상을 해야 할 것이며 시청자들의 원성을 살 것은 불을 보듯 당연한 일이었고 회사의 이미지 실추도 예정된 수순일 것이다.

"그럼 그렇지. 그런 사람이 뭐가 아쉽다고 여기에 나타나겠어?"

“이럴 줄 알았다니까, 순진하게 믿은 우리들이 바보지. 어떤 부자가 아무런 대가도 없이 그런 비법을 알려주겠어. 우리들이 속은 거야.”

“괜히 시간만 허비하고 여기에 왔네. 자동차 그림자도 안 보이는데 오긴 틀렸어.”

입구를 바라보던 눈길을 거두면서 몇몇 사람들이 씩씩거리며 말하자 사람들이 거친 욕설을 내뱉기도 하였다.

“어, 저길 좀 봐봐.”

군중들의 시선이 이번에는 무대 위로 향하였다. 간소한 차림의 노신사가 헐레벌떡 무대를 향해 지팡이를 짚고 절름거리며 걸어오고 있었다. 그가 온 방향은 거창하게 마련된 입구가 아니라 일반인들이 드나드는 평범한 입구였다. 번쩍이는 고급 승용차는 보이지 않았고 보디가드는 한 명도 눈에 띄지 않았다. 그의 옷차림은 검소하고 단정하였으며 신발과 바지에는 군데군데 황토 흙이 묻어 있었다. 그가 도착한 시간은 정확히 열 시였다. 그는 약속을 어김없이 지킨 것이다. 욕설을 내뱉던 사람들이 언제 그랬냐는 듯이 그의 이름을 연호하며 박수를 쳤다.

"여러분, 죄송합니다. 제가 지름길로 급하게 오는 길에 발이 돌부리에 걸려서 넘어졌습니다. 다리를 많이 다쳐서 병원으로 가야 했지만 저를 만나기 위하여 소중한 시간을 투자하신 여러분들에게 한 약속을 저버리는 것은 가장 파렴치한 일이라고 생각했기 때문에 병원으로 가는 대신 이곳으로 왔습니다."

군중들의 시선이 그의 발로 쏠렸다. 왼쪽 다리부분 바지가 찢겨져 있었고 그곳에서 타박상에 의한 출혈이 있었다.

'그렇게 부자인 그가 서 있기도 힘겨운 몸을 이끌고 여기에 왔단 말인가. 왜?'

그를 향한 원성으로 시끌벅적했던 조금 전과는 달리 숨소리조차 들리지 않을 만큼 고요한 적막이 흘렀다.

"여러분, 제가 부자가 된 이유가 궁금하십니까? 오늘 그 비법을 알려드리기 위해 왔습니다. 저는 약속을 지키는 것이 가장 기본적인 인간의 도리라고 생각합니다. 제 다리에 피가 보이시죠. 괜찮습니다. 설사 뼈가 부러졌더라도 우선 병원으로 달려가지 않은 것은 제 몸이 소중한 만큼 여러분의 시간도 소중하다는 것을 알기 때문입니다. 자신의 작은 상처에는 호들갑스럽게 반응하면서도 타인의 절망에는 눈 하나 꿈쩍하지 않는 비정함으로는 진정한 부자가 될 수 없습니다. 성공하는 비법은 타인의 시간을 소중히 여길 줄 아는 배려에도 있습니다. 이것은 인간에 대한 예의라고도 할 수 있습니다. 비록 작은 사고가 있었지만 이렇게 여러분들에게 제 마음을 전하게 되어 감격스럽습니다. 여러분께서는 왜 제가 자동차를 타고 오지 않고 걸어왔는지 의문이 있지 않으십니까?"

부유한 사나이의 부드러운 음성이 광장에 모인 군중들을 향해 울려 퍼졌다. 사람들이 의미심장한 웃음을 서로 주고받았다. 그렇잖아도 그 점이 이상했던 참이었다.

'분명히 값비싼 자신의 고급차가 있을 텐데 그는 왜 걸어서 이곳까지 온 것일까. 게다가 오는 길에 부상까지 입었으니 어리석은 일이 아닌가.'

"사실은 제가 운전을 할 줄을 모릅니다. 늘 운전기사에게 의지해서 회의장소로 이동하고 사람들을 만나고 그랬던 것입니다. 그런데 오늘 새벽에 갑자기 저의 운전기사의 아버님께서 돌아가셨습니다. 자식 된 도리로 아버님의 마지막을 지켜드려야 함에도 불구하고 기사는 저를 이곳에 태워오기 위해 극구 위독하신 아버지가 계시는 집으로 내려가길 거절 했습니다. 그러나 저는 그를 설득해서 아버지의 장례를 치르러 가게 하였습니다. 또한 제 자신만 생각했다면 오늘 이 자리에 여유롭고 편하게 올 수 있는 방법을 생각할 수 있었을 것입니다. 가령 다른 기사를 구해서 온다든가, 아니면 택시를 타고 온다든가 말이죠. 그러나 오늘만큼은 여러분들에게 오는 길, 제 힘으로 걸어오고 싶었습니다. 아시다시피 전 원래 한 쪽 다리에 장애가 있는 사람입니다. 그래서 서 있기도 힘든 몸 상태입니다. 하지만 오늘 여러분들 앞에 설 때까지는 제 힘으로 직접 이곳으로 오고 싶었습니다. 두 다리로 온전히 걸어서 못 오더라도 지팡이에 의존해서라도 오고자 한 것은 부자가 되는 비법을 알기 위해 오신 여러분들에게 스스로 저의 두 다리의 힘으로 걸어서 오는 것이 더 많은 것을 시사해줄 수 있다고 생각하였기 때문입니다. 제 말을 이해하시겠습니까?"

군중들은 이제 부유한 사나이의 말에 완전히 몰입이 되어 있었다. 그의 사정을 들어보니 참 안타깝다는 생각이 들었던 것이다. 자신의 기사까지도 배려해주는 저 따뜻한 마음. 사람들은 그를 진심으로 우러러 바라보고 있는 중이다.

"그것은 바로 이것입니다."

그는 흉하게 찢어져서 피가 얼룩진 바지를 걷어 올렸다. 그러자 빨갛게 응고된 피로 범벅이 된 그의 무릎이 보였다. 또한 무릎 아래는 의족을 착용한 모습이 뚜렷하게 드러났다. 여기저기서 아, 하는 탄성이 들렸다.

"여기 처참하게 드러난 제 상처를 보십시오. 이것이 바로 자신과 타인을 향한 진정성입니다. 최고로 성공하는 비법은 여기에 있습니다. 어떤 경우에라도 약속을 어기지 않고 노력하겠다는 결연한 마음가짐과 시간에 대한 정확한 관념, 타인에 대해서는 나와 인연을 맺게 된 사람들을 위해 피가 나고 뼈가 부러지는 고통까지도 얼마든지 감수하면서 희생하는 마음입니다. 나의 시간들이 소중하듯이 여러분들의 시간 또한 소중합니다. 당신의 소중한 시간을 헛되이 허비하지 않도록 나는 당신을 위해 최선을 다할 것입니다. 나 때문에 당신이 고통받지 않기를 원하고 나로 인해 당신이 조금이라도 행복해지기를 바라는 마음입니다. 여러분도 이런 마음을 지니고 타인을 거짓 없이 배려하십시오. 그렇게 하면 분명히 여러분은 최고로 성공할 수 있습니다."

큰 함성과 박수소리가 쏟아졌다. 누군가는 훌쩍거리면서 눈물을 흘리기도 하였다. 부유한 사나이는 다리를 절뚝이면서 단상을 내려와서 자신이 왔던 길로 되돌아갔다. 참을 수 없는 통증이 밀려오는 듯 간혹 괴로운 표정이었지만 그의 얼굴엔 한 없이 선한 미소가 머물고 있었다. 사회자도 카메라도 아무 말도 하지 못한 채 그의 뒷모습을 어떠한 보충 설명도 없이 보여주었다. 그의 뒷모습이 모든 걸 말해주고 있었기 때문이다.

인간을 사랑하고 인간을 존중할 줄 알며 참된 부의 가치를 알고 그것을 공유할 줄 아는 사람이 뿜어내는 진한 감동이 그 모습에 가득 담겨 있었던 것이다.

오늘의 1분이 미래를 결정 한다

무슨 일이 뜻대로 잘 풀리지 않을 때면 우리는 이렇게 한탄한다.

"왜 이리 재수가 없는 거지. 하는 일마다 이 모양이네."

"내가 전생에 무슨 죄를 지어서 이 꼴인 거야. 나보다 지지리도 못난 사람들도 저렇게 잘 먹고 잘 사는데 왜 나만 이렇게 되는 일이 없는 거지."

있었는지 없었는지도 모를 전생을 원망하거나 운이 없는

자신을 탓하다 보면 나오는 것은 하늘이 꺼질 듯 깊은 한숨이요, 느는 것은 급속도로 노안을 촉진시켜줄 쪼글쪼글한 잔주름이요, 늘어나는 것은 스트레스를 풀기위해 허겁지겁 먹어치운 음식들로 인한 풍성한 살점들이다.

그대는 그러한 신세한탄과 투정이 얼마나 쓸모없는 일인지 알아야 한다.

자신의 진로를 가로막는 곤란한 일을 만나게 될 때 그것을 대하는 자세에는 세 가지가 있다.

첫 번째 자세는 장애물을 넘어서겠다는 굳은 신념을 품고서 최선을 다해 뛰어오르는 자세,

두 번째 자세는 장애물 앞에서 고심하면서 뛸까, 말까 망설이는 자세,

세 번째 자세는 장애물을 보고 지레 겁을 집어먹고 아예 뛰어넘음을 엄두도 내지 못해 결국 포기하고 마는 자세다.

그대는 이 세 가지 자세 중에서 어떤 자세를 지니고 살아가고 있는가.

장애물은 얄미운 연적처럼 잊을 만하면 힘겹게 전진하는

사람의 앞에 나타나서 진로를 방해한다. 하나의 장애물을 겨우 통과하고 나면 휴식을 취할 틈도 주지 않고 더 크고 육중한 장애물이 나타나서 경계심을 풀고 있던 사람의 뒤통수를 후려친다. 그래서 많은 사람들이 그런 장애물의 무자비한 습격에 주저 앉아버리거나 아예 장애물을 넘어설 엄두도 내지 못한 채 자신의 한정된 영역에서 벗어나지 못하고 그저 그런 삶을 살고 있는 것이다.

이런 인생의 장애물들을 효과적으로 넘어서기 위해서는 무엇이 필요할까.

어떻게 하면 우리들은 앞에서 제시한 세 가지 대처방법 중 첫 번째 자세를 숙지하고 두려움 없이 장애물들을 뛰어넘어설 수 있을까.

그것에 대한 정답은 바로 오늘이라는 시간을 충실하게 살아가는 일이다.

만약 그대가 회사에서 가장 유능한 사원이 되기를 원한다면 비록 승진에서 매번 탈락되는 시련이 이어지고 있다고 해도 오늘 더 많이 업무에 대해 공부하고 자신이 맡은 분야에 대한 살아있는 지식을 쌓아야만 한다. 그렇지 않고 오늘이라는 시간을 신세한탄이나 하면서 보낸다면 회사에서 승진이 되기는 요원한 일이 되고 말 것이다. 경쟁자들은 그대가 그렇게 땅이 꺼져라 한숨을 쉬면서 자신의 처지를 비관하고 있을 동안에도 쉬지 않고 노력하고 있을 것이며 상사는 그런 그대를 바라보면서 혀를 끌끌 차며 고개를 저을 것이다.

'아직 멀었군.'

그러나 그대가 오늘이라는 시간을 지나온 것들에 대한 미련에 후회하면서 보내지 않고 더욱 솔선수범하여 회사생활을 하고 맡은 일에 성의를 다해 노력한다면 머지않아 상사는 비로소 미소 지을 것이다.

'이젠 됐어, 더 많은 일들을 맡겨도 훌륭하게 해낼 것 같군.'

오늘의 시간을 허비하지 않고 의미 있는 일에 자신에게 주어진 시간을 쓸 수 있다면 그것이 내일의 행복한 일들을 만들고 행운을 불러들이고 성공을 이끌어올 것이라는 사실을 명심하라.

자신이 원하는 꿈을 위해 오늘의 1분을 투자한다면 1분이 모여 하루가 되고 하루가 모여 일 년이 되고 일 년이 모여 꿈을 이루는 튼튼한 토대가 이루어지게 되는 것이다.

무의미하게 지금 이 순간을 흘려보내는 사람들에게 시간은 장마로 홍수가 난 강물보다 더 빠른 속도로 흘러가고 그 속도에 비례해서 우리들은 속절없이 노화되어 간다. 한정되어진 시간 속에서 기적처럼 주어진 자신의 삶을 사랑한다면 지금 이 순간을 위해 순수한 열정을 기울일 줄 알아야 할 것이다.

인생은 스스로 견디고 헤쳐 나가야만 하는
여행이기 때문에 안내서나 체험수기 등은
존재하지 않는다.
자신의 의지로 목적지를 정하고
가는 방법과 시기 또한 스스로 결정지어야 한다.

제 3장

사랑은 인생을 아름답게 만든다

사랑하라

인간사에서 가장 많은 사람의 입에 오르내린 단어 사랑.

하지만 그것에 대한 동경과 아쉬움으로 수많은 사람들이 힘들어하기도 했던 것을 아는가.

그 누가 사랑의 포근하고 보드라운 울타리 안에서 감히 벗어날 수 있겠는가. 그대와 내가 탄생하게 된 것도 사랑이 있었기에 가능했던 일이고 그대와 내가 지금 이렇게 갖가지 편리한 문화혜택을 누리며 살아가고 있는 것도 모두 다른 이들의 인류애가 빚어낸 노력 덕택이라는 것을.

인간에게서 사랑이란 말을 빼면 무엇이 남겠는가. 아마 텅 빈 폐허의 도시처럼 쓸쓸하고 괴괴한 기운만 감도는 음산한 세상이 되어버릴 것이고 세상은 새로운 인류가 더 이상 나타나지 않아 서서히 소멸되고 말 것이다.

그러나 다행히 신은 인간에게 사랑을 부여한 순간, 그 사랑이 영원히 지속될 수 있도록 혜택을 베풀어 주었으며 또한 더 큰 사랑을 생성해 낼 수 있는 사랑의 에너지를 함께 주었다. 그럼으로써 인간이 존재하는 한, 사랑 또한 영원히 존재할 수밖에 없는 것이다. 사랑은 죽음조차 빼앗아가지 못하는 신이 주신 거룩한 축복이다. 사랑의 범위는 무한하기에 종류 또한 다양하고 사랑을 하는 사람의 자세와 사랑을 받아들이는 마음가짐도 여러 가지이다.

그대는 사랑하기에 오늘이 얼마나 좋은 날인지 알고 있는가.

가슴에 간직한 채 미처 고백하지 못한 사랑을 아쉬워하거나 내일이나 먼 훗날에 지금 하지 못한 사랑을 한꺼번에 주어야겠다고 미룬다는 것은 사랑에 대한 일종의 배신행위이다. 사랑은 현재 지금 이 순간에 이루어지기를 원한다. 그대에게 부와 명예 그리고 세상의 모든 존경이 한꺼번에 벅찰 만큼 많이 주어졌다고 하더라도 사랑이 빠져있는 삶이라면 모두 쓸모없고 부질없는 것들이 되고 말 것이다. 그러므로 우리들은 지금 그 사랑을 실천에 옮겨야 한다. 인간은 사랑을 함으로써 비로소 행복을 느끼는 존재이기 때문이다.

그렇다면 사랑이 무엇인지 살펴보자. 사랑을 정확히 이해해야 그것을 간절히 원할 수 있다. 사랑이 무엇인지 실체조차 제대로 모르는 사람이 어떻게 제대로 된 사랑을 할 수 있겠는가. 무엇이든 그것을 원하고자 하면 그것이 무엇인지 정확히 알고 낱낱이 이해해야 한다. 그래야 그것을 갖고 싶다는 욕망이 가슴속에 발현될 수 있는 것이다.

사랑의 의미에 대해 사색해보자.

우선 사랑은 모든 인간의 공통된 가치이고 보편화된 감정이며 행위이다.

그대의 주위에 있는 사람을 바라보면서 그들을 진정 사랑하고 있는지 스스로 자문해 보라.

가장 가까이에 있는 사람조차 사랑하지 못한다면 더 넓은 세상의 숱한 사람들을 사랑하기란 더 어려운 일이 되어버릴 것이다. 그러므로 그대는 늘 만날 수 있고 한 공간에서 함께 주거하고 있는 가족부터 사랑하길 바란다. 그런 후에 더 많은 사람들 그리고 나아가 사람이 아닌 동물과 식물까지도 사랑할 수 있기를 원하라.

그렇다면 사랑은 무엇인가. 사랑이란 것이 도대체 얼마나 굉장한 존재이기에 심지어 목숨조차 아낌없이 버리고 그것을 선택하는 사람들이 이렇게도 많은 것인가.

연인을 사랑하기 때문에 그녀를 위해서 또는 그를 위해서 자신의 목숨을 바치는 사람들, 자식을 사랑하기 때문에 평생 자신의 소중한 인생마저 포기하고 남편의 모진 학대를 견뎌내면서 자식의 곁을 지키며 사는 이 땅의 가여운 엄마들, 자유와 정의를 사랑하기 때문에 독재자의 서슬 퍼런 권력의 칼날 앞에서도 몽둥이에 맞고 방패에 찍혀 살점이 뜯겨져 나가고 뒷덜미를 억센 손에 눌리며 숨이 끊어질 것 같은 물고문으로 정신이 몽롱해지는 물속에서도 조국의 미래를 걱정하며 자신을 희생했던 모든 의로운 이들, 인류를 사랑하기 때문에 지구촌 곳곳의 재난과 재해를 바라보며 가슴 아파하고 그들의 고통이 사라지길 간절히 기도하는 사람들.

그들은 그렇게 애타게 사랑을 실천하고 있다. 그런 눈물겨운 사랑이 모여 지금의 세상이 이루어진 것임을 잊지 말아야

할 것이다.

사랑은 '나'라는 의식세계를 가뿐히 초월한 큰 인간의 마음이다. 큰 인간이란 마음의 크기가 큰 사람을 말한다. 나만을 향하고 있던 이기적이고 편협한 시각으로부터 벗어나 나 아닌 다른 것들의 고통과 아픔에 대해 눈길을 줄 수 있는 사람이 큰 마음을 지닌 사람이다.

어떤 분야에서 대가가 되고 싶다면 사랑을 해야 한다. 자기 인생에 대해 만족하고 싶다면 더욱더 사랑하는 마음을 지녀야 한다. 그리고 외롭거나 고독하다면 특히 더 사랑하는 일을 즐겨 해야 한다. 즉 인생의 모든 것에서 사랑은 긍정적이면서도 성공적인 방향으로 안내하는 현명하고 유익한 길잡이가 되어주는 것이다.

그런데 왜 사람들은 사랑하는 일에 이토록 어색하고 서툰 것일까.

그것은 우리들이 사랑의 표현에 서툴기 때문이다. 단 한 개의 단점도 없이 수많은 장점만을 지닌 사랑을 그저 서툴고 어색하다는 이유만으로 멀리한다면 인생의 성공을 이루고 행복을 완성해갈 수가 없음을 알아야 한다.

사랑이 무엇인가.

그것은 아름다운 희생이다. 자신의 것을 누군가에게 기쁜 마음으로 줄 수 있다면 그것은 사랑의 시작이 될 수 있다.

우리 이제, 사랑하는 것을 쑥스러워 하지 말고 사랑을 베푸는 습관이 익숙해지도록 노력하자.

사랑이 없는 세상에서는 어떤 일이 벌어질까

우리가 뭔가의 소중함을 뼈저리게 느끼게 될 때는 언제인가. 아마 그 때는 무엇인가가 자신의 곁에서 안타깝게 사라지고 난 후일 것이다. 늘 항상 함께 할 것이라고 생각하기 때문에 우리는 그것의 소중함을 깨닫지 못하고 지내기가 쉽다. 그러나 늘 그렇게 그 자리에 변함없이 있을 것만 같았던 존재가 어느 날 홀연히 자취를 감추어버리면 우리는 당황하며 비로소 그것의 소중한 가치를 깨닫는다. 이렇듯 인간에게서 어느 날 갑자기 신이 사랑을 거두어 가버린다면 어떤 일이 벌어질까.

이제 우리 함께 사랑의 소중함과 필요성을 간접 경험함으로써 그것을 다시 한 번 생각해 볼 수 있는 사색의 시간을 가져 보도록 하자.

여기 사랑이 없는 세상에서 살아가야 하는 한 사람의 일상을 함께 따라가 보자.

어젯밤 잠자리에 들기 전에 희미한 의식으로 본 마감뉴스에서는 급박한 아나운서의 목소리가 긴급속보를 연신 알리고 있었다. 내일부터는 이 세상에서 사랑이 사라질 것이라는 신의 지침이 내려졌다는 보도였다. 신이 언제부터 인간의 일에 이토록 세밀하게 간섭을 해왔는지는 모르지만 신의 지침이 언론사를 통해 이렇게 대대적으로 보도되는 것은 인류 역사상 처음 있는 일이었다.

세계 각국의 반응을 전하는 긴장된 표정의 기자의 말끝이 심하게 떨리고 있었고 어둠속 광장에 모여든 시민들의 표정에는 불안한 기색이 역력했지만 나는 코웃음을 치며 그 뉴스를 비웃었다. 설마 그런 일이 있을까 싶었기 때문이었다. 요즘 지구 온난화로 인한 환경문제와 연예인들의 사생활 뉴스 그리고 국민의 공분을 일으키고 있는 잘못 선출된, 앞으로 우리의 힘으로 몰아내어야할 몰상식한 정치인들의 막말 외에는 뉴스거리가 없는 방송국에서 기자들에게 그럴듯한 가상의 이야기를 만들어서 국민들을 현혹시켜 보라고 옆구리를 찔렀을 것이 틀림없다는 생각을 하며 잠이 들었다.

창문을 열고 바라본 아침하늘은 잔뜩 화가 난 찌푸린 얼굴로 나를 노려보고 있는 것 같았다. 십년 가까이 혼자 사는 집안에는 질서 개념을 오래 전에 상실한 물건들이 여기저기 어지럽게 널브러져 있었다.

출근시간에 지각하지 않기 위해서 나는 아침식사를 우유와 빵으로 간단히 해결하기 위해 냉장고의 문을 당겼다. 그런데 냉장고 문이 열리지 않는 것이었다. 고장이 났나 하며 이곳저곳을 살펴보아도 아무런 이상을 발견할 수가 없었다. 나는 고개를 갸우뚱거리며 냉장고 문을 발로 걷어찼다.

"이 냉장고가 왜 이래? 아침식사하고 출근해야 하는데 말이야."

하며 두어 번 걷어차고 뒤돌아서려는데 나지막하고 차분한 음성이 들려왔다.

"알아. 네가 배고픈 거."

분명히 내 주변에는 사람이 없었다. 혼자 사는 집 어딘가에 다른 사람이 있을 리가 만무한 것이다.

"나야. 네가 매일 가슴을 열어보는 냉장고야."

"뭐라고? 냉장고라고."

나는 도무지 믿기지 않는 그 말을 확인해보기 위해 냉장고를 뚫어져라 바라보았다. 혹시 누군가 냉장고 주위 어딘가에 숨어서 장난치는 것은 아닌가 싶어서 경계의 눈초리로 둘러보았지만 아무 인기척도 느낄 수 없었다. 냉장고는 여전히 누렇고 꼬질꼬질한 피부를 지닌 채 그 자리에 멀뚱히 서 있었다. 냉장고의 어딘가에 스피커가 생겼다든지 하는 특이한 변화 또한 감지할 수 없었다. 아무래도 어젯밤에 말도 안 되는 뉴스속보를 보고서 정신이 몽롱해졌나보군 하며 세안을 하기 위해 욕실로 들어가려고 발걸음을 옮기는데 방금 전 그 목소리가 또 들려왔다.

"미안해. 하지만 오늘은 너를 위해 내 가슴을 열어줄 수가 없어."

냉장고에서 나오는 소리가 틀림없었다.

"정말 너, 냉장고구나!"

나는 마치 동화 속 신비의 나라에 온 어린아이처럼 들뜬 목소리로 소리치며 냉장고 앞에 풀썩 주저앉았다.

"그 동안 너를 위해 신선한 음식을 제공하려고 노력했던 나의 사랑이 갑자기 사라져버렸어."

냉장고의 목소리는 점점 작아지고 있었다.

"그동안 난 너를 사랑하고 있었거든. 네가 눈치 챘는지 모르겠지만."

"날 사랑하고 있었다고?"

"그래. 난 너를 오래전부터 지켜봐 왔지. 아니 내가 처음 이 집에 오던 날부터 모든 걸 기억하고 있어."

나는 냉장고가 말을 한다는 것에 대한 놀라움보다는 냉장고가 나를 사랑하고 있었다는 사실이 더 놀라웠기 때문에 냉장고를 더 뚫어져라 쳐다보았다.

"넌 항상 일터에서 지친 모습으로 집에 돌아왔지. 그리고 피곤에 절은 손길로 내 가슴을 열고는 시원한 물 한잔을 마시며 살며시 미소 지었어. 그 모습이 난 너무 좋았어. 너에게 시원한 물과 싱싱한 과일을 줄 수 있도록 매일 뱃속을 얼리는 차가운 냉기도 기쁘게 품고 널 기다렸는데."

냉장고는 잠시 숨을 고르는지 가래 끓는 소리를 내며 덜컹거렸다.

"그랬었구나. 난 너를 그저 가전제품 그 이상도 그 이하도 아닌 존재로만 인지하고 지냈었는데. 내게 사랑을 주고 있었다니. 나는 전혀 의식하지 못하며 살았구나."

내 말을 듣고 있던 냉장고가 울먹이는 목소리로 말했다.

"그래도 좋았어. 네가 나의 존재에 대해 아무런 느낌도 없었다고 해도 나 혼자서라도 너를 사랑할 수 있었다는 사실만으로도 마냥 행복했는데…, 이제는 그 모든 사랑이 사라지고 말았어. 사랑이 사라진 나는 더 이상 너의 곁에 머무를 자격이 없어진 건 아닐까. 그래서 더 슬프단다."

냉장고는 그 말을 끝으로 더 이상 말을 하지 않았다. 간간이 눈물을 흘리는지 물방울이 떨어지는 소리가 마치 신음소리처럼 어렴풋이 들려왔다.

냉장고가 나를 사랑하고 있었다는 가히 충격적인 고백을 듣고도 나는 여전히 멀쩡했다. 혹시 꿈이 아닐까 생각하며 나는 출근을 하기 위해 집을 나섰다.

사랑, 그것이 도대체 뭔데 사라진다고 어젯밤부터 온 세상이 떠들썩하게 절망하고 난리를 치는지 이해가 되질 않았다.

사랑, 그런 것 없어도 세상은 멀쩡히 잘 돌아갈 것만 같았다.

거리를 오가는 사람들이 확연하게 눈에 띄게 줄어들거나 도로 위를 달리는 자동차의 행렬이 어제보다 감소한 것도 아닌데 어딘지 모르게 평상시와 다르다는 느낌이었다. 오고가는 행인들의 얼굴에는 초점이 흐려진 눈동자가 파기된 생선의 그것처럼 박혀 있었다. 밝은 아침햇살을 비추며 상쾌한 느낌을 주던 태양은 구름에 가려져 있어서 마치 저녁 같은 캄캄한 아침이었다. 전철 안의 사람들은 서로에게 시선을 주지 않으려는지 각자 다른 방향을 찾아 시선을 꽂느라 여념이 없었다. 사람들의 얼굴에서는 미소가 보이질 않았다. 모두들 한결같은 무표정을 얼굴에 매달고 멍하니 초점 없이 무엇인가를 응시하고 있었다. 나 또한 어제와는 뭔가 달라진 감정으로 채워진 마음이 느껴졌다. 가슴에 구멍이 뚫린 것처럼 공허한 느낌의 감정이 무엇 때문이지 모르겠지만 영 개운치 않은 느낌의 아침이다.

무표정의 사람들 숲을 헤치고 사무실 근처 골목길에 다다랐을 때 나는 한 젊은 청년과 마주치게 되었다. 청년은 먹구름 속에 숨어 있는 태양을 향해 기도를 올리고 있었다. 그의 앞에 차려 놓은 제단 위에는 굵은 문체로 휘갈겨 쓴 글이 쓰여 있었다.

"신이시여, 내게 사랑을 돌려주소서."

나는 걸음을 멈추고 청년의 곁에 서서 물었다.
"왜 당신은 그렇게 간절히 사랑을 돌려받길 원합니까?"

나의 목소리를 들었는지 그가 감겨있던 눈을 치켜뜨며 소곤거리는 조용한 말투로 대답했다.

"어머니 때문이지요."

"어머니 때문이라뇨?"

갑자기 호기심이 발동한 내가 그에게 그 이유를 대답해달라는 투로 되물었다. 그러나 그는 다시 눈을 감아버렸다. 나는 궁금한 건 참을 수가 없는 성질이다. 회사에 도착해야할 시간이 코앞에 다가왔는데도 그 청년 곁을 떠날 수가 없었다. 그가 왜 이 시간에 길거리에서 사랑을 되돌려 받기 위해 무릎을 꿇고 기도를 하고 있는지 의문이 풀리지 않은 까닭이었다. 기도가 끝나기를 기다리다가 더 이상 지체하기가 어렵다고 생각한 내가 막 그곳을 떠나려고 하는데 청년이 나를 불러 세웠다.

"기다리셨습니까? 죄송합니다. 제가 지금 마음이 너무 급합니다."

"아, 아니 괜찮습니다. 난 당신이 왜 그토록 간절히 사랑을 되돌려 받길 원하는지 궁금했습니다. 이유를 들려주실 수 있겠습니까."

"저희 어머니는 하나 뿐인 자식인 저를 위해 평생을 헌신하신 분이시지요. 어젯밤 신께서 세상에서 사랑을 거두어들인다는 발표를 하신 이 후로 저는 제게 있는 사랑을 지키기 위해 안간힘을 썼습니다."

"네. 그렇군요."

나는 고개를 끄덕이며 그의 눈을 바라보았다. 참 맑고 깨끗한 눈망울이었다.

“바로 어머니께서 지금까지 베풀어주신 무조건적인 사랑에 보답하고 싶었기 때문입니다. 그런데 오늘 아침에 저는 사랑이 빠져나간 텅 빈 마음을 발견하고 말았습니다. 제게는 이제 사랑이 없습니다. 고맙고 감사하다는 마음은 그저 형식적인 감정일 뿐 어머니를 위해서 사랑을 표현할 그 어떤 의지도 없어진 것입니다. 인간으로서 그것보다 더 슬픈 일이 어디 있겠습니까. 난 다시 사랑을 찾고 싶습니다. 그래서 어머니께 자식으로서 해드릴 수 있는 사랑을 모두 선물해 드리고 싶습니다. 그러나 그게 가능할까요. 당신은 괜찮으신가요. 전 지금 죽을 만큼 힘이 듭니다.”

청년은 거친 숨을 몰아쉬며 말을 맺었다. 그의 이마에 맺혀 있던 땀방울들이 한꺼번에 쏟아져 흘렀다. 마치 거대한 눈물의 폭포수 같았다.

“저도 오늘 아침부터 뭔가 이상한 기분이 느껴집니다. 하지만 아직 사랑이 없어져서 특별히 고통스럽거나 힘들지는 않습니다."

나의 말에 청년은 모호한 표정을 지으며 다시 기도에 열중했다. 제단 위에 적혀진

"신이시여, 내게 사랑을 돌려주소서."

란 문구가 주문을 외는 소리처럼 귓가에 뱅글뱅글 맴돌았다.

나는 시계를 들여다보다가 문득 오늘 아침 일찍 잠자리에서 일어나기도 전에 사장에게서 온 전화를 떠올렸다.

"오늘부터 회사에 나오지 않아도 되네."

"네? 무슨 말씀이신지. 말일이라 이것저것 할 일도 많은데요."

나의 말에 사장의 말라비틀어진 식빵부스러기와 같은 마

른 목소리가 수화기 너머에서 통명하게 들려왔다.

"안 나와도 된다고 하지 않나. 무슨 말이 이리 많아."

그리고는 일방적으로 전화를 끊어버린 것이었다. 나는 잠결에 받아서 그 전화가 꿈속의 일인 것만 같았다. 그래서 잠시 사장의 전화자체를 망각했던 것이다. 출근한다고 이렇게 나온 내가 한심스러워서 헛웃음을 웃었다. 사장은 평상시와 완전히 달라진 말투를 쓰고 있었다. 평소 사장은 직원들의 사소한 걱정거리까지도 함께 고민해주는 자상한 마음씨를 지닌 사람이었다. 이렇게 무책임하게 회사에 나오지 않아도 된다고 한 마디 내던지고 일방적으로 전화를 끊을 그런 사람은 아니었던 것이다.

오늘은 모든 것들이 엉망으로 돌아가는 것 같다. 그 때 뭔가 물컹한 느낌이 신발바닥으로부터 느껴졌다. 이런 씨, 떠돌이 개가 싸놓은 똥이었다. 더럽고 냄새나는 것. 하지만 누구나 살아 있다면 배설해야 하는 것 아닌가. 나는 저절로 인상이 변기 속 휴지처럼 구겨졌다. 좀 깨끗한 땅에 구두 바닥을 문질러 볼 요량으로 고개를 돌리는데 누군가 말을 걸어왔다.

"이것 좀 도와주시겠습니까?"

단정하게 빗은 단발머리가 인상적인 중년의 여인이었다. 그녀는 커다란 물체 두 개를 앞에 두고 그것들을 잇는 끈을 내게 내밀었다.

"고맙습니다. 난 과학자예요. 인간에게 사랑을 대체할 그 무엇을 개발하고 있는 중입니다."

나는 그녀가 내민 끈의 한 쪽을 건성으로 잡았다.

"연구는 잘 되어 가십니까?"

나는 전혀 관심이 없었지만 인사치레로 물어보았다. 사랑을 대체할 그 무엇을 개발한다면 실험실에서 조용히 연구하던지 자기 집 안방에서 구상하던지 그래야지 대로변에서 지금 이 사람은 뭐하는 건가. 혹시 사기꾼이나 사람들을 교묘하게 유혹하려는 사이비종교의 전도사가 아닐까하는 생각도 들었다.

“아닙니다. 잘 되지 않습니다. 어제 낮까지만 해도 저는 인간의 불치병을 치료하는 신약개발을 하고 있었습니다. 그런데 어젯밤에 이 세상에서 사랑이 사라지게 된다는 사형선고와 같은 말을 듣고 나서 바로 사랑을 대체할 물질을 개발하는데 착수했습니다만.”

과학자는 땅이 꺼지고도 남을 만큼 한숨을 내쉬었다. 그녀의 미간에는 깊은 시름의 흔적인지 주름살이 눈에 띄게 많아보였다.

나는 슬그머니 그녀의 몸매를 훑어보고 있었다. 여자만 보면 왜 이렇게 눈길이 이곳저곳을 더듬는지 모를 일이었다.

“이제는 그렇게 절실하게 사람들을 위해 뭔가를 개발하겠다는 마음이 들지 않네요.”

나는 발정 난 수컷의 그것처럼 흔들리는 시선을 겨우 바로잡고 그녀의 눈에 시선을 고정시켰다.

“정말 이상하네요. 왜 다들 사랑이 없어진 이후로 이렇게 혼란스러워하는지 모르겠습니다. 허허."

나는 마음속에 슬그머니 번져오는 혼란을 숨기고 싶어서 다른 이들을 개탄했다.

"사람들은 사랑이 그동안 얼마나 많이 자신의 삶을 든든하게 지탱해왔는지 깨닫지 못했던 것이지요. 저 또한 그랬고요."

과학자는 들고 있던 끈 한쪽을 힘없이 내려놓았다. 나도 마지못해 들고 있던 끈을 어색하게 내려놓았다.

"지금 저는 무엇을 위해 살아가야 할지 모르는 사람이 되어버렸습니다."

"당신은 지금까지 훌륭한 일들을 많이 해왔을 것이고 앞으로도 그보다 더 좋은 일들을 할 분 같습니다. 용기를 내십시오."

"그래요, 고맙습니다. 사랑을 대체할 물질을 얼른 개발해야겠지요. 그런데 간절히 원하는 마음은 없네요. 다른 사람들에게 도움을 주고 싶다는 그런 마음도 없고요. 사랑이 없는 마음은 이처럼 삭막하고 가슴이 타고 갈증 나는 것이네요."

과학자를 남겨두고 그 곳을 떠나오는데 그녀가 흐느끼는지 울먹거리는 소리가 등 뒤에서 들려왔다. 그러고 보니 곁을 스쳐가는 사람들의 표정은 하나같이 음울했다. 마치 눈물이 가득 채워진 풍선을 하나씩 가슴에 매달고 지나가는 것 같았다.

잠결에 받은 사장의 전화가 생각이 나서 그런 회사에 나의 열정을 쏟을 필요가 없다는 생각이 갑자기 들어 집으로 돌아가야겠다고 생각한 내가 횡단보도 앞에 서있는데 90세는 족히 넘어 보이는 노인이 내 곁에 섰다. 신호등 색깔은 붉은 색에서 초록색으로 막 바뀌려고 하고 있는 중이었다. 그런데 노인은 내가 말릴 겨를도 없이 횡단보도 위를 빠른 걸음으로 걸어갔다. 그런데 과속으로 달려오던 승용차 한 대가 그만 노인이 피할 틈도 없이 노인의 마른 몸을 허공으로 날려버렸다. 외마디 비명도 내지르지 못하고 노인의 몸은 수 미터 밖까지 날아가서 툭하고 떨어졌다. 그 장면을 목격한 횡단보도앞 사람들만 해도 이십 명은 넘었다. 그러나 그 누구도 그 노인에게 다가가 상태를 살피거나 안타까워하지 않는 것이었다. 모두들 멍한 표정으로 피 흘리는 노인을 보고 무관심한 표정으로 쳐다보며 지나쳐갔다. 사람들의 가슴에는 따뜻함이 사라져버린 것일까. 사랑이 사라져버린다는 건 따뜻한 마음이 사라져버린다는 것과 같은 말인 것 같았다. 지옥이 따로 있을까 싶다.

짧은 시간동안이지만 사랑이 없는 세상에 다녀온 그는 우리에게 이렇게 호소하고 있다.

사랑이 당신들 곁에 머무를 때, 바로 그 때가 천국에 살고 있는 것이라고.

사랑은 인생을 향기롭게 한다

누구라도 자기 몸에서 악취가 나는 걸 원하는 사람은 없다.

누구나 자신이 향기로운 존재로 기억되길 바란다. 하지만 대부분의 사람들은 외모를 가꾸는 일에는 마음을 기울이지만 자신의 내면을 돌보는 일에는 좀처럼 시간을 투자하기를 아까워한다. 내면의 아름다움과 고운 향기는 웬만해서는 밖으로 드러나지 않는다. 하지만 아무리 값비싸고 향기로운 향수를 몸 구석구석에 뿌린다고 해도 내면의 아름다움이 채워지지 않은 사람에게서는 악취가 진동한다. 주위 사람들은 그의 냄새를 금세 알아차리지만 정작 본인은 자신에게서 그런 불결한

체취가 새어나오는 걸 느끼지도 알아차리지도 못하는 경우가 많다. 왜냐하면 인간은 자신의 단점을 생각하기를 외면하고 장점만을 끈질기게 바라보려고 하기 때문이다.

사랑이 없는 사람에게서는 그런 악취가 참을 수 없을 만큼 진동한다. 그 악취를 차단할 수 있는 사람은 오로지 자기 자신뿐이다. 주위의 사람들은 그 사람에게서 고약한 냄새가 나고 있다는 걸 인식하지만 피하기만 할 뿐 그에게 그 사실을 알려주지 않는다. 왜냐하면 그에게서 얻어낼 것이 있다고 판단하는 사람은 그의 곁에 머무를 것이고 그렇지 않은 사람들은 미련 없이 그의 곁을 떠날 것이기 때문이다.

인생을 향기롭게 채워가고 싶은가.

향기로운 인생이 되기 위해서는 우선 자신을 사랑해야 한다. 자신을 사랑할 줄 아는 사람이라야 타인도 사랑할 수 있는 마음의 공간이 생겨날 수 있는 것이다. 지금 현재 자신의 모습이 비록 남들보다 가진 게 없고 배운 게 조금 부족하다고 할지라도 그대 자신은 세상에서 가장 존귀하고 뛰어난 존재이다. 누가 더 잘났고 누가 더 못났다고 하는 것은 어리석은 인간들의 생각일 뿐이다. 그대가 현명하다면 지금 자신 앞에 있는 세상의 모든 것들이 모두 귀하고 소중한 존재임을 인식하고 자기 자신을 사랑하는 마음이 우선되어야 한다는 것을 깨달아야 할 것이다. 타인을 사랑하기 전에 자기 자신을 사랑해야 함은 당연한 일이다. 자신이 지닌 단점들에 대해서 자책하며 포기하지 말고 더 나은 미래의 모습을 향해 나아가기 위해서는 자신의 단점들을 수용하고 보완하여 장점으로 바꾸어가도록 노력해야 한다.

단점은 얼마든지 장점으로 찬란하게 승화될 수 있다. 그러므로 한때 잘못된 생각으로 부끄러운 시간을 보냈을지라도 얼마든지 존중받는 삶을 살 수 있다. 그것은 자신을 얼마나 사랑하느냐에 따라 변할 수 있다는 것을 명심하라.

사랑은 인생을 향기롭게 한다. 다만 자신을 사랑할 수 있는 사람에게만 사랑의 향기는 꽃처럼 살포시 피어나게 될 것이다.

나는 그대에게 자신 스스로를 사랑할 것을 부탁했지만 자신을 사랑하는 일에도 경계해야 할 것이 있다. 그것은 자신을 사랑하는 것이 이기적이면 안 된다는 것이다. 어떤 일에서건 적당한 선이라는 것이 있다. 그 선을 넘어선 지나친 자기애는 필연적으로 해로운 결과를 초래하게 된다.

병원에서 주로 쓰는 마취제인 프로포폴도 고통을 줄여주고 편안히 수술을 받을 수 있게끔 많은 도움을 주지만 그것을 습관적으로 남용하게 되면 결국 비참한 최후를 맞이하게 될 수도 있다.

자신을 사랑하는 일에 있어서도 적절한 자제력이 필요하다. 지나친 자기애에 사로잡히게 되면 타인에 대한 배려나 존경심을 갖기가 어려워진다. 무엇이든 나 중심으로만 생각하고 행동하게 되므로 편협한 세계에 스스로를 가두고 마는 결과를 초래하기 때문이다.

인간은 서로 기대고 의지하며 살아가고 있는 상호의존적인 존재다. 자기 자신만 아끼고 위하게 되면 반드시 위험한 상황에 직면하게 된다. 그대의 주변 사람들은 그대로부터 관심과 사랑을 받기를 무의식중에 바라고 있다. 그런데 그대가 자신만 생각하는 이기적인 모습으로 살아간다면 그들 또한 무의식중에 분노의 마음이 싹트게 되어 있다. 이것은 인간의 본능이므로 인간성과는 상관이 없으며 누구나 느끼는 감정이다. 그래서 자기만 지나치게 사랑하는 사람, 즉 자기애가 강한 사람은 다른 사람들로부터 사랑을 받을 수 없을 뿐만 아니라 비난과 따돌림을 당하게 될 가능성이 농후해지는 것이다.

사랑받지 못하는 사람의 삶은 피할 곳이 모두 봉쇄되어 버린 악인의 고통에 버금갈 만큼 처절하다.

자신을 내세우고 다른 사람에게 인정받고 싶은 것은 당연한 마음이다. 그러나 지나치다 싶을 정도의 자기애에 사로잡히지 않도록 늘 주의하라. 자신을 사랑하면서도 타인을 사랑하는 것, 이것이 진정한 사랑이다.

오늘부터 사랑하라

그대는 가슴을 콩닥콩닥 뛰게 만들고 설레게 만드는 마법의 힘을 지닌 사랑을 하고 싶다면 언제 하고 싶은가.

더 이상 우물쭈물 망설이거나 하염없이 미래의 어느 날로 미루지 말고 바로 오늘부터 사랑하라. 누군가는 지금, 그대로부터 절실하게 사랑의 손길을 기다리고 있다.

그대의 사랑을 많은 사람들이 열렬히 바라고 있다는 사실을 아는가.

그대가 사랑을 줌으로 인해서 삶의 의욕이 저하된 사람들을 위로할 수 있고 자신 또한 의욕이 고취되고 향상될 수 있는 신선한 계기가 될 수 있다.

자식을 사랑하는 것도 부모를 사랑하는 것도 이웃을 사랑하는 것도 연인을 사랑하는 것도 생면부지의 낯선 거리의 걸인을 사랑하는 것도 모두 아름다운 일이다. 진실한 마음으로 누군가를 대하고 있다면 그대는 사랑의 마음을 베풀고 있는 것이다.

그렇지만 이토록 아름답고 가치 있는 사랑도 오늘 하지 않으면 아무 소용이 없다.

오늘 그대와 사랑을 함께할 수 있는 사람이 얼마나 많은지 알고 있는가.

오늘 그대가 그들에게 사랑의 마음을 전해 줌으로써 그들의 인생이 완전히 바뀌고 새롭게 변화될 수 있다는 기적 같은 사실을 믿길 바란다. 인류에게 큰 공헌을 한 위인들에게는 그들을 전적으로 믿고 사랑해주었던 사람들이 한 폭의 은은한 배경처럼 늘 자리하고 있었다는 사실을 기억하라.

사랑의 말 한 마디가 한 사람의 인생을 성공의 방향으로 이끌고 죽음의 수렁에서 건져내어 긍정적인 인생관을 가질 수 있도록 할 수 있다. 그대의 사랑은 사람들에게 그런 생명수와 같은 희망의 메시지를 전달할 수 있는 큰 힘을 지니고 있는 것이다.

인간의 몸은 산소 65%, 탄소 18.5%, 수소 9.5%, 질소 3.2%, 칼슘 1.5%, 인1%, 황 0.3% 로 이루어져 있지만 거기에 사랑이 더해져 우주에서 가장 아름답고 지혜로운 생명을 유지하고 있다. 사랑으로 인해 인간은 비로소 완벽한 영혼을 완성할 수 있었다.

그러나 점점 물질만능주의에 물들어가는 세상에서 사랑은 설 자리를 잃고 쓸쓸히 거리를 떠돌고 있다. 자신을 버린 주인들에게 원망조차 하지 못한 채 대기 중에 외롭게 유영하고 있는 상처 입은 사랑들을 보라.

우리를 속상하게 하는 것은 사랑을 잃고 외로움에 울고 있는 영혼들을 냉정하게 외면하고서도 어떤 이들은 더 잘 먹고 더 잘 입으며 심지어 더 잘 사고 행복한 것처럼 보인다. 그러나 그것은 모래 위에 지어진 성과 같이 허황한 이룸이다. 머지않아 사랑이 없이 이루어진 모든 것들이 허물어지고 파괴될 것이다.

이제 우리는 인간의 본성을 온전하게 지탱해주고 또한 영혼을 아름답게 완성시켜주는 사랑을 되찾는 일을 시작해야 한다.

"너부터 해. 난 지금 다른 일로 바쁘니까 너희들부터 사랑하란 말이야."

라며 자신이 오늘, 지금 실천해야할 사랑을 타인에게 떠넘기지 말고 그대가 먼저 사랑을 하고 버려진 슬픈 사랑들을 되찾아 새로운 보금자리를 마련해주는 선구자의 길을 걷길 바란다. 그러는 동안 그대는 크나큰 축복과 많은 이들의 더 큰 사랑이라는 소중한 선물을 받게 될 것이다.

사랑을 찾고 키워가며 나누어줄 수 있는 의미 있는 일을 시작하는 시간이 바로 오늘이 될 수 있는 가슴이 참 따스한 사람이 되라.

한 사람을 사랑하는 일은 우주를 사랑하는 것과 같다

사람이 사람을 사랑하는 일은 생각과는 달리 그리 간단하거나 쉽지만은 않다. 솔직히 인간은 서로를 사랑하기보다는 다른 이들의 숨겨진 약점과 단점을 꺼내어 틈틈이 술안주를 씹어 먹듯이 헐뜯기를 즐기고 날카로운 증오의 손가락으로 타인의 입술을 강제로 벌려 쓰디쓴 비난의 독주를 먹이기를 즐겨하는 경향이 있다. 그렇게 하는 것이 누군가를 존경하고 사랑하는 일보다 수월하게 느껴지기 때문이다.

인간은 때로 타인의 삶을 속살이 드러날 때까지 낱낱이 발가벗기고 살가죽을 상처내고 깎아내리면서 자신이 조금 더 우월한 위치에 올라선 것 같은 착각의 늪에 빠지곤 한다. 그러나 그것은 정말 어디까지나 자신만의 오해와 착각일 뿐이다. 타인의 상처 난 등을 짓밟고 올라선 그곳은 참다운 성공의 자리가 아니라 그들의 눈물을 양분 삼아 잠시 머무르고 있는 공허한 세계임을 알아야 할 것이다. 다른 이의 가슴에 못을 박고 상처를 내면서 무엇을 얻고자 하는 일처럼 어리석고 비열한 짓은 없음을 기억하라. 타인을 사랑하는 마음을 갖기 위해 열과 성을 다해 노력해보지 않은 사람은 인간의 모양을 한 가면을 쓰고 세상을 살아가는 무생물과 같은 존재와 같다.

그대는 한 사람을 사랑하는 일에 진심을 다하는 자세를 항상 가슴에 지녀야 할 것이다.

그대는 혹시 바르게 참되게 살아가는 일이 고루한 정신이라고 치부해버리지는 않았는가. 그러나 바른 마음으로 삶을 살아가야 하는 것은 인간으로서 기본적인 삶의 자세이다. 인간다운 삶을 살아가고자 한다면 반드시 갖추어야 하는 예의이며 기본적 소양인 것이다. 그렇듯이 남을 사랑하며 사는 삶은 인간으로서 기본적인 것이다.

한 사람을 사랑하는 일은 저 무한한 우주를 사랑하는 것과 같다. 왜냐하면 한 사람 한 사람은 우주를 축소시켜놓은 소우주와 같고 그 안에는 인생의 원천이 될 수많은 이야기들이 담겨져 있기 때문이다.

그 누구도 단정적으로 다른 사람의 영혼의 깊이와 넓이를 함부로 추정하여 판단해서는 안 된다. 심지어 자기 자신조차 자신이 얼마나 깊고 넓은 자아와 재능을 지니고 있는지 모르고 살아가고 있는 것이 현실이다. 타인에 대해 판단의 잣대를 들이대는 일이 얼마나 어리석고 무모한 짓인가. 한 사람을 사랑하는 것은 우주의 모든 것들을 사랑하는 것과 같다는 것을 다시 한 번 말해주고 싶다.

그대에게 백 명의 친구가 있다면 그 백 명의 친구를 모두 한꺼번에 사랑하기 위해 애쓸 것이 아니라 우선 한 사람이라도 완벽하게 사랑하게 될 때까지 사랑해 보라. 그것이 사랑의 현명한 방식이다. 한 사람을 참으로 깨끗한 마음으로 사랑할 수 있게 된다면 나머지 사람들에 대해 사랑하는 자세를 갖출 수 있게 되므로 더 많이 사랑하고 더 애틋하게 사랑하고 더 진실한 사랑을 하게 될 것이다.

어떻게 그 한 사람을 진정 사랑하게 될 수 있을 것인가. 이제 그 방법에 대해 진지하게 고민해 보자.

무엇을 얻고자 한다면 그에 상응하는 노력을 대가로 치러야 하는 것이 법칙이며 순리이다. 그대가 사랑으로 가득 찬 사람이 되길 원한다면 그렇게 되기 위한 노력을 해야 한다. 그리고 또한 노력에는 반드시 어떤 보상이 따르게 되어 있다. 당장에 그 보상이 보이지 않는 것 같을지라도 노력에 대한 보상은 언젠가는 그대에게 찾아오게 되어 있다.

많은 사람들이 열심히 무엇인가를 이루기 위해 노력하다가 보상의 기미가 보이지 않는다는 사실에 실망한 채 중도에서 그 노력을 포기해버리기 때문에 성공의 길에 들어서지 못한다. 그들은 성공의 집 바로 앞에까지 왔다가 대문이 열려있지 않다는 이유로 뒤돌아서서 예전의 그저 그런 삶으로 되돌아가버린다. 조금만 더 힘을 내어 문을 밀기만 하면 되는데 그 마지막 노력을 하지 않음으로 해서 성공으로부터 영영 멀어지게 되는 것이다. 사랑을 하는 것도 노력이 필요하다.

사람을 미워하는 일은 인간에 대한 이해가 부족한 사람들의 몫이다. 하지만 그대는 미운 사람을 미워하기보다는 오히려 사랑해주고 한없이 악한 사람에게도 무지개처럼 아름다운 사랑을 전해 착한 심성을 지닌 사람으로 바꾸어줄 수 있는 하늘과 같은 마음을 지닌 사람이 되길 바란다. 그대는 특별한 영혼을 소유한 사람이 아닌가.

거짓 없이 사랑하라

사랑에도 지켜야 할 적절한 예의와 규범이 있다. 그것은 거짓 없이 진심으로 사랑해야 한다는 것이다. 한 남자를 사랑한다면서 바라는 것은 오로지 자신의 사치를 충당하기 위해서 남자의 재물에만 관심이 있다는 사실을 알게 된다면 진심을 농락당한 남자의 마음은 어떠하겠는가. 또한 한 남자가 한 여자를 사랑하는 척하면서 오직 자신의 욕구를 해결하기 위해 여자를 실컷 농락하다가 헌 신발짝 내버리듯이 버리고 다른 여자를 찾아 떠난다면 사랑에 속은 여자는 평생 지울 수 없는 상처를 가슴에 묻고 살아야 한다는 것을 아는가.

물론 사랑을 하다가 헤어지는 일은 있을 수 있는 일이다. 그러나 헤어짐도 아름다웠던 기억으로 남길 수 있어야 사랑했다고 말할 수 있는 자격이 있다. 거짓으로 그럴 듯하게 꾸며서 타인을 현혹시키고 이득을 추구하는 일은 참으로 비열한 짓이다. 안타까운 일은 거짓말을 밥 먹듯이 하는 사람의 얼굴은 착해 보이고 순수해보이기까지 해서 외모만 보고 그 사람의 내면을 알아차릴 수가 없다. 그러므로 많은 사람들이 그들의 간교한 거짓말에 깜박 속아 넘어가 재산을 잃고 치명적인 정신적 상처를 받고서 후회하게 되는 것이다. 하지만 진실하지 못한 사람은 성공을 이룰 자격을 이미 상실한 사람이라는 것을 알아야 한다. 때로는 입을 열 때마다 상습적으로 거짓말을 내뱉는 사람이 성실하게 노력하며 삶을 사는 사람보다 더 많은 돈을 벌고 사회적으로 성공하고 있는 경우가 종종 있음을 볼 수 있다. 그러나 그 성공은 오래가지 못하므로 절대 부러워할 필요가 없다. 그대가 거짓이 없는 마음으로 세상을 살아간다면 우선 스스로의 마음이 평화와 안정이 깃들고 자신을 자랑스러워하게 되고 주위 사람들과도 좋은 인간관계가 형성될 수 있게 될 것이다. 그것만으로도 그대는 세상에 사랑을 베푸는 사람이 되는 것이다. 타인을 속이거나 기만하지 않고 삶을 사는 사람에게 성공은 자연스럽게 찾아올 것이다. 그것이 반드시 물질적인 성공은 아닐지라도 가장 큰 성공, 즉 스스로에게 평안함과 안정이 깃든 삶을 살 수 있다는 것이다. 스스로 자신의 삶에 대해 만족할 수 있다면 그것이 가장 큰 성공이 아니겠는가.

거짓으로 덕지덕지 더께가 낀 사람은 결코 자기 자신의 모든 것들에 대해 만족할 수 없다. 아무리 부정하려고 해도 거짓으로 범벅이 된 자신의 양심을 속일 수는 없는 일이기 때문이다. 정직함은 그래서 인생의 연금술을 이루려는 우리에게 가장 소중한 자산이다.

이처럼 사랑하는 자세에는 거짓이 없어야 한다. 그것이 이웃에 대한 사랑이든 이성에 대한 사랑이든 또는 부모 형제에 대한 사랑이든 마찬가지이다. 거짓사랑이 지속하게 되면 상대방은 은연중에 그 사실을 알게 될 것이다. 그것은 강간을 당하는 여인의 심정과 같이 처참한 심경을 상대방에게 안겨주는 모욕적인 행위이다. 거짓은 인간의 가장 아름답고 성스러운 가치인 사랑을 철저히 유린하는 반인간적인 행위이기도 하다.

고운 마음을 지닌 사람은 사랑하는 자세 또한 진실하다.

타인을 속이거나 기만하지 않고 늘 정직하게 대하니 자신이 행한 일에 대하여 근심할 일이 없을 것이므로 늘 마음이 잔잔하고 평안할 것이다.

거짓 없이 사랑하라. 그대의 삶이 행복할 것이다.

사랑이 우리에게 주는 선물들

누군가에게서 예상치 못한 선물을 받는 일은 기분 좋고 유쾌한 일이다. 이렇듯 사랑을 하게 되면 우리는 갖가지 알차고 향기로운 선물들을 받게 된다. 그대 또한 사랑을 하게 되면 그대 스스로의 가슴속에서 우러나오는 만족감과 행복감 등 마음의 포만감을 갖게 되는 충만한 선물들을 받게 될 것이다. 그것은 그대가 세상을 즐겁게 살아갈 수 있는 힘의 원천이 되기도 하고 더 많은 사랑을 생성할 수 있는 촉진제가 되어주기도 한다.

사랑이 우리에게 주는 선물들을 살펴보자.

첫 번째 선물은 고운 마음이다. 사랑을 하게 되면 비단결처럼 부드럽고 목화솜처럼 폭신한 고운 마음을 우리에게 선물한다. 사랑하는 사람에게는 다음과 같은 생각들이 그의 마음 안에 가득 찬다.

그를 위해 무엇을 해주면 그가 기뻐할까.
그를 위해 어떻게 해주면 그가 행복해 할까.
그녀를 위해 어떤 말을 해주면 그녀가 좋아할까.
그녀를 기쁘게 해줄 수 있는 일들은 무엇일까.

자기 위주의 생활습관에 젖어 있던 사람이라도 사랑을 하게 되면 자기가 아닌 사랑하는 사람을 위한 인생을 살아가는 일을 즐겁게 받아들이게 된다. 왜냐하면 사랑은 주고 싶은 마음이 크게 작용하는 것이기 때문이다. 사랑은 주고 또 주어도 더 주지 못해 안달이 나는 갈급한 마음이다. 내가 지닌 것들 중에서 가장 좋은 것만 골라서 주고 싶은 마음이 샘물 솟아나듯 끊임없이 솟아나게 되는 마법의 감정을 사랑은 심어준다.

사랑이 우리에게 주는 두 번째 선물은 만족이다. 만족한다는 것은 감사함이 더욱 진화된 형태의 고결한 감정이다.

사랑을 하게 되면 왜 만족을 느끼게 되는 걸까.

사랑은 충만한 마음 상태를 선사하기 때문이다. 아무리 현재의 삶이 힘들고 궁핍한 사람이라도 사랑의 매혹적인 세계 속에 들어가게 되면 어떤 상황에서도 자신이 가장 부유하고 풍족한 사람이란 것을 느끼게 될 수 있다. 그만큼 사랑은 많은 사람들에게 부푼 희망을 안겨주고 긍정적인 꿈을 무한하게 품게 해주고 풍요로운 삶을 마련해 준다.

자신만을 위해 살아갈 때는 추악한 욕심에 사로잡혀 눈앞의 조그만 이득을 획득하기 위해 두 눈을 희번덕거리던 사람도 진정한 사랑의 느낌들을 체험하게 되면 자신이 가진 것들에 대해 만족하는 마음을 지니게 된다.

만족할 줄 아는 사람에게 신은 행복 또한 주었다. 만족을 모르는 사람은 인생에서 결코 행복을 맛보지 못할 것이다.

사랑이 주는 세 번째 선물은 세상의 아름다움을 바라볼 수 있는 눈을 갖게 한다는 것이다.

인간이 사물을 인식하는데 가장 큰 도움을 주는 눈. 그러나 우리들은 원치 않는 광경들과 때로는 차마 보고 싶지 않은 흉악한 성격을 지닌 사람들 또한 보게 된다. 보고 나서 후회가 되는 장면들은 보고 싶지 않지만 인간의 눈으로는 그 모든 것을 가감 없이 볼 수밖에 없다. 그래서 어쩔 때는 그 장면을 보고 싶지 않아서 두 눈을 꼭 감아버리기도 하며 차라리 보지 말걸 그랬다며 후회하기도 한다.

시각장애인들을 보노라면 그들은 눈이 보이지 않기 때문에 세상을 속속들이 볼 수 없을 것 같지만 그들은 그들만의 시야를 이미 지니고 있어서 정상적인 눈으로 세상을 살아가는 사람보다 더 많은 것들을 보고 느끼고 있다.

사랑으로 형성된 마음의 눈은 우리에게 그런 기적적인 능력을 지닐 수 있게 한다. 사랑의 마음이 풍만한 사람의 눈은 세상의 모든 아름다움을 볼 수 있다. 아무리 더럽고 추잡한 인간이나 환경에서도 그 안에 내재되어 있는 고유의 아름다움을 발견해낼 수 있는 능력이 있는 것이다. 화원에 아름답게 피어난 장미꽃을 보고서 그 아름다움을 찾아내는 일은 쉽게 해낼 수 있겠지만 진흙탕 속에 뭉개진 햇살을 보고서 그 햇살의 아름다움을 찾아낼 수 있는 일은 세상의 아름다움을 볼 수 있는 눈을 지닌 사람에게만 허락되어 있다. 사랑이 있는 사람의 마음은 가식적이지 않고 타인의 불행에 가슴 아파하며 날마다 더 행복해지기 위해 자발적으로 진화되어 가고 있기 때문에 세상의 아름다움을 볼 수 있는 눈을 지닐 수 있게 된다.

사랑이 우리에게 주는 네 번째 선물은 역경에 굴복하지 않는 정신자세이다.

사랑은 타인에 대한 사랑에만 국한된 것이 아니다. 자기 자신에 대해서도 존재가치를 인정하며 자신이 지닌 꿈에 대해 긍정적인 사고를 해줄 수 있게 한다. 인간은 정신에 의해 지배받고 운영되는 존재다. 어떤 정신을 가지고 세상을 살아가느냐에 따라 인생 자체가 확연히 달라질 수 있다.

그대는 어떤 정신자세로 살아가는 사람인가.

가령 어떤 일에 도전했으나 아쉽게도 실패했을 때, '그래 난 가망 없는 인간이야' 하며 자괴감에 빠져버리는 연약한 정신자세로 살아가는 사람인가.

반면 '이번에는 비록 실패했지만 무한한 가능성을 보았어. 실패를 거울삼아 더 발전해야지' 하는 강인한 정신자세로 살아가는 사람인가.

성공적인 삶을 영위해가기 위한 여정에 나선 그대이기에

마땅히 어떠한 역경에도 굴복하지 않고 이겨나갈 수 있는 강인하고 꿋꿋한 정신자세를 선택할 것이라 믿는다.

사랑을 하게 되면 그러한 유쾌하고 맑은 정신자세를 늘 유지해나갈 수 있다. 사랑은 끊임없이 그대에게 그런 정신을 선물해 줄 것이다.

이와 같은 선물 외에도 사랑이 우리에게 주는 선물들을 손가락을 펼쳐 헤아려 보는 시간을 갖자. 밤하늘에 고요히 빛나는 별들을 엄마와 함께 헤아려보던 어린 시절처럼 맑고 투명한 마음가짐으로 그것들을 바라다보면 한 때 증오했던 그 누군가도 한 때 원망했던 그 누군가도 아무런 사심 없이 사랑해 줄 수 있는 넉넉한 마음이 송글 송글 움터나게 될 것이다.

목숨이 다하는 날까지 사랑하라

우리는 몇 살까지 살 수 있을까. 물론 아무도 자신이 몇 살까지 살 수 있을지 정확히 예측할 수는 없다. 의사로부터 몇 개월밖에 살 수 없다고 통고받은 사람조차도 그 예상을 보란 듯이 물리치고 병을 완치하여 건강하게 삶을 살아나가는 사람도 있으며 늘 건강해보이던 사람이 어느 날 갑자기 허망하게 세상을 떠나는 경우도 종종 우리는 보게 된다. 그래서 우리는 언제 어느 시간까지 생명의 숨결이 육신의 굴레에 머물 수 있게 될지 예견할 수 없다. 그렇기에 인생은 더 짜릿하고 소중한 가치가 있는 것이 아닐까.

인간의 삶이 영원히 죽지 않고 불멸의 길을 걸어갈 수 있다면 구태여 목표를 이루겠다는 특정한 기한을 정해 노력할 필요도 없을 것이다. 영원히 지겹도록 살 것이므로 절박한 심정으로 꿈을 향해 힘차게 달려갈 이유도 없어질 것이고 가족과 친구의 소중함도 느끼지 못할 것이다. 그러나 다행인지 불행인지 우리의 목숨은 명백하게 한정되어 있다. 누구나 자신만의 제한된 시간을 부여받고 그 시간만큼만 정확하게 살다가 이슬처럼 홀연히 사라지게 될 것이다. 그것이 인간이든 동물이든 무생물이든 숙명처럼 정해진 공통된 운명인 것이다.

이 세상에 태어난 이상 우리는 언제 어느 때인가는 틀림없이 죽을 목숨이기에 주어진 시간 동안 어떻게 살아가는 것이 현명한 일일지 당연히 생각해 보아야 할 것이다. 그러므로 삶에 대해 사색하는 일은 밥을 먹고 잠을 자는 일보다 훨씬 더 중요한 일이다. 자신의 삶을 치열하게 고민해보지 않는다면 소중한 목숨을 덧없이 흘러가는 시간에게 스스로 자진상납해주고서 쓸쓸히 죽음을 맞이하고 마는 허탈한 신세가 될 것이다.

그렇다면 어떻게 매일 매일을 살아가야 할까.

우리는 사랑하며 사는 일이 얼마나 행복한 삶인지를 까맣게 망각하고 살아가고 있다. 매일 듣는 엄마, 아내의 잔소리, 매일 가야하는 학교, 매일 출근해야 하는 회사, 그리고 매일 보는 사람들.

자신이 소유하고 있을 때는 그 풍경들이 얼마나 소중한 지를 자각하지 못하는 것이 인간의 본성이다. 그것을 잃어버렸을 때 자신에게 얼마나 소중하고 커다란 존재였는지를 깨닫고 가슴 아파하는 것이 우리들이다. 자신의 곁에 있는 모든 풍경을, 그리고 그들을 사랑하자.

나는 사랑이 인생설계의 가장 기본적인 밑바탕이 되어야 한다고 그대에게 당부하고 싶다.

무의미하게 하루하루를 흘려보내는 사람에게
시간은 장마로 홍수가 난 강물보다 더 빠른 속도로 흘러간다.
그 속도에 비례해서 속절없이 노화되어 가는 것이 인생이다.

제 4장

꿈은
인생을
향기롭게 한다

꿈을 간직하라

그대는 한 번뿐인 인생을 어떻게 살고 싶은가.

그리고 한정된 삶의 시간을 어떻게 보낼 것인가.

그것을 생각하고 고뇌하는 것이 바로 꿈을 간직하는 일의 기초적인 작업이다. 우리 모두 각자의 꿈은 다르겠지만 꿈의 가치는 누구에게나 소중할 수밖에 없다. 왜냐하면 꿈은 한 개인의 인생 전체를 주도적으로 이끌어가고 그것 없이는 그 누구도 궁극적인 성공의 지표 위에 도달할 수 없기 때문이다.

그러므로 꿈을 간직하고 살아간다는 것은 그 어떤 일보다 더욱 중요한 일이다. 지금 그대에게 꿈이 없다면 그것은 삶의 목표가 없다는 뜻이며 무엇을 위해 왜 살아가야 하는지를 모르는 채 삶을 낭비하고 있는 것이나 다름없기 때문이다.

꿈이 없는 사람은 비바람이 세차게 몰아치는 거친 바다 위를 목적지도 대책도 없이 표류하고 있는 어부와 같다는 생각이 들어 안타깝다.

어디로 가야할지 목적지를 정하지 않고 무작정 단기간의 여행길을 떠나는 것은 새로운 경험과 돌발적인 요소들을 체험하는 짜릿한 모험의 재미라도 있겠지만 인생에서 꿈이 없이 살아가는 삶은 캄캄한 어둠 속의 길을 앞길을 밝힐 아무 준비도 없이 먼 길을 나서는 것과 같이 무모하기 짝이 없는 일이다.

네모난 모양의 꿈을 간직한 사람이 있다. 그는 네모난 꿈을 그 무엇보다 애지중지 간직하고 그 꿈을 이루기 위해 열심히 노력하고 있는 중이다. 그런데 가족과 친척 심지어 친구들까지도 그의 네모난 꿈을 비웃고 멸시한다. 그들은 동그란 모양의 꿈만이 최상의 것이라고 칭송하며 네모난 꿈을 허무맹랑하고 시대에 맞지 않는 것이라며 무시하고 조롱한다.

하지만 그에게는 네모난 꿈만이 자신이 이루고 싶은 인생의 목표이자 삶의 최종 목적지가 되기를 소망하는 마음이 있다. 그에게는 주위에서 권하는 동그란 모양의 꿈에 대해서는 생각해 본 적도 없고 전혀 마음이 끌리지 않는다.

그는 자신이 바라는 네모난 꿈이 왜 좋은지 조용히 생각해 본다.

그는 어린 시절부터 네모난 꿈을 생각하면 한없이 행복했었다. 주변 사람들 거의 모두가 더 늦기 전에 동그란 모양의 꿈으로 빨리 생각을 바꾸라며 은연중에 압력을 넣고 심지어는 핍박도 서슴지 않는 경우도 있었다.

그러나 그는 알고 있다. 자신이 간직해온 네모난 꿈을 주위의 압력에 못 이겨 포기하고 다른 이들이 권하는 동그란 모양의 꿈을 마지못해 선택하는 순간 그의 간절한 희망과 궁극적으로 이루어질 인생의 행복은 일순간에 시들어버리고 말 것이라는 것을.

그대에게는 어떤 모양의 꿈이 있는가. 그대가 별 모양의 꿈을 지니고 있든지 반달 모양의 꿈을 지니고 있든지 도넛 모양의 꿈을 간직하고 있든지 주위에서는 그대의 꿈을 자기들 멋대로 해석하고 분해하면서 얼토당토않은 비판을 가할 수도 있을 것이다. 그리고 은근히 속삭일 것이다.

"너의 꿈은 현실과 전혀 다른 길이므로 너를 행복으로 이끌 꿈이 아니야, 너의 꿈을 현실적인 다른 것으로 바꾸는 게 어때."

하지만 이와 같은 말을 하는 사람의 마음속에는 지금 그대가 지닌 꿈을 부러워하고 질투하는 시샘으로 가득 차 있을 확률이 높다. 진정으로 그대를 사랑하고 아끼고 위하는 사람에게서는 이런 말이 나오게 되어 있다.

"참 좋은 꿈을 소망하고 있구나, 열심히 해 봐. 넌 네가 소망하는 그 꿈을 꼭 이룰 수 있을 거라고 믿어."

꿈을 간직하고 이루는 일은 자신을 굳세게 믿는 의지가 있어야 가능한 일이다. 쉼 없이 마구잡이로 흔들어대는 주변의 비평과 비웃음에도 결코 흔들리지 않는 자존심이 있어야 한다. 자기가 자기를 믿어주지 않고서 꿈을 이루기 위해 노력한다는 일은 있을 수 없는 일이다.

그대 자신을 독하게 믿어라. 자기 자신의 무한한 가능성과 성공에 다다르는 미래의 멋진 모습을 매일매일 상상하라.

그대의 꿈이 위대할수록 더 많은 사람들이 나서서 더 강하게 비난하고 심지어 궁지에 몰아넣기 위해 온갖 누명도 씌울 것이며 어떻게 해서든지 그대의 그 꿈이 이루어지지 못하도록 결사적으로 방해할 것이다.

그대가 바라는 꿈이 백화점에서 판매하는 유행하는 운동화 한 켤레를 사고 싶은 소박한 일이라면 그 꿈을 비웃거나 그런 꿈을 어리석은 것이라며 만류할 사람은 없을 것이다. 그러나 그대의 꿈이 폭압적인 정치권력으로부터 선량한 국민을 구제하고 자유와 정의가 실현되는 민주주의의 초석을 다지겠다는 광대한 꿈이라면 여기저기에 숨어 있던 부정직하고 다른 사람의 인권과 재산을 염치없이 가로채오던 어둠의 무리들로부터 심한 저항에 부딪히게 될 것이다. 그들이 그렇게 나오는 것은 그대의 꿈이 한없이 부럽지만 그들은 그런 꿈보다는 자신의 탐욕이 앞서기 때문에 그러한 큰 꿈을 꿀 엄두조차 내지 못하기 때문이다.

우리는 불과 100여 년 전, 일본의 침략으로 나라를 빼앗긴

역사를 통해서 생생하게 배우지 않았던가.

자신의 모든 것을 버리고 잃어버린 조국을 찾기 위해 반드시 죽음으로 나라를 찾겠다는 일념으로 독립군의 길을 택한 그 젊은이 꿈을.

반면 침략국의 앞잡이로 조국을 배신하고 일본 군인이 되고 일본 순사가 되어 자신의 영달을 찾아 떠난 그 젊은이의 꿈을.

두 젊은이는 모두 자신의 꿈을 찾아 떠난 것이다.

어떤 꿈이 옳고 그르다는 판단을 독자들의 생각 영역으로 남긴다.

긍정적으로
마음을 이끄는 것이 꿈이다

어느 날 감미로운 음악을 듣고 있을 때 섬광처럼 다가오는 형언할 수 없는 끌림을 느꼈다면 그 순간을 주목하라.

감동적인 영화를 보고 있을 때 전기에 감전된 듯 뜨거운 감정의 떨림이 오랫동안 유지되었다면 그 느낌을 주목하라.

사회의 질서가 무너져가는 뉴스를 볼 때마다 가슴이 터질 듯 속상한 마음이 들었다면 그 불같이 일어나는 정의로운 마음을 주목하라.

지금 강렬하게 그대의 마음을 이끄는 것이 있다면 바로 자신의 포부를 펼칠 세상이 그곳일 가능성이 크다고 할 수 있다.

그러므로 어느 순간에 평상시 느꼈던 감정보다 진한 감정의 요동침을 경험했다면 그것은 분명 그대가 평생을 함께 동행해야할 꿈과 관계가 깊다고 할 수 있다. 자신이 무엇을 바라고 무엇을 위해 살아가야 할지를 결정하는 것이 바로 꿈이다.

꿈이 없는 삶은 살아있더라도 죽어있는 것과 마찬가지의 텅 빈 공백과 같은 삶일 뿐이다. 그대는 자신이 선택한 꿈을 지니고 있어야 한다. 자신에게 꿈이 다가오는 순간은 예측할 수 없다. 언제 어느 때 자신을 찾아올지는 아무도 미리 예상할 수가 없는 것이다. 그러나 꿈은 분명히 강렬한 마음의 진동을 유발하며 다가올 것이다. 아직 자신이 인생의 꿈을 찾지 못했다면 이제 그 꿈을 발견해내고 자신의 것으로 만들어내야 한다. 하지만 언제 찾아올지도 모르는 꿈의 방문을 무작정 무기력하게 앉아서 하염없이 기다리기만 해서는 안 될 것이다. 시간은 꽁무니에 불붙은 화살마냥 바쁘게 지나가고 있다. 되도록 빠른 시간 안에 자신의 꿈을 찾아내어 꿈이 인도하는 용기와 희망과 신념의 세계로 떠나야 할 것이다.

어떻게 해야 꿈을 찾아낼 수 있을까. 그것은 바로 자신이 인생을 전부 바쳐서라도 이루고 싶은 것이 무엇인지 그것이 아니면 삶의 의미를 찾을 수 없다고 단언할 만한 것이 무엇인지를 예민한 감각으로 포착해 내는 지혜가 있어야 한다. 먹잇감을 사냥하기 위해 밀림의 사자는 날카로운 발톱과 번뜩이는 두 눈으로 사방을 주시한다. 조용히 자신의 시야 안에 들어온 먹잇감에게 시선을 고정시키고 그것을 덮칠 순간을 위해 최대한 긴장하며 온 신경을 곤두세운다. 한낱 동물도 자신의 먹잇감을 사냥하기 위해서 이렇듯 눈물어린 노력을 하는데 한 인간의 모든 운명을 결정해낼 수 있는 꿈을 찾아내는 데 아무런 노력이나 민첩하고 통찰력 있는 시야를 갖추지 않는다는 것은 꿈을 찾지 않겠다는 것과 다름없는 말이 아니겠는가.

이제 꿈을 찾고자 하는 그대는 평범한 일상 속에 일어나는 온갖 일들에 대한 자신의 반응을 밀림의 사자가 먹잇감을 노리듯 주의 깊고 깊이 있는 시선으로 바라보아야 한다. 그 일들에 반응하는 자신의 느낌들 속에 바로 자신의 꿈이 있다.

그대에게는 그대에게 딱 알맞은 꿈이 주어질 것이다.

이루고 싶은 꿈을 간절하게 소망하라

인간이 정의롭고 가치 있는 일에 임할 때 절박한 심정을 가진다는 것은 대단히 큰 의미를 포함하고 있다. 간절하고 절박하다는 것은 그만큼 절실하게 원한다는 뜻이기도 하거니와 그것을 향해 가는 동안은 그 어떤 고난이나 최악의 어려움도 거뜬히 이겨낼 수 있다는 강건하고 굳센 마음자세를 수반할 수 있기 때문이다. 그래서 그대가 꿈을 갖고자 한다면 나는 절박하게 이루고 싶은 꿈을 소망하기를 권한다.

조용하게 그동안 살아온 날들을 한 번 떠올려 보라. 그러면 생각날 것이다.

자신이 절실하게 이루고자 했던 일을 할 때는 아무리 힘들고 고단해도 전혀 피곤하지 않고 행복한 나른함이 밀려오지 않았던가.

몸은 비록 피곤에 지쳐서 금방이라도 쓰러질 것 같더라도 마음만은 소망해온 목표를 향하여 조금씩 나간다는 희망과 기쁨으로 행복했음을 떠올릴 수 있을 것이다. 꿈은 그렇게 절박해야만 한다. 이루어도 그만 안 이루어도 그만인 꿈은 꿈이 아니다. 꼭 이루고 싶은 것, 이루지 못한다면 차라리 죽을 것만 같은 것, 그런 지극히 절박한 심정을 저절로 유발시키는 꿈이 진짜 꿈이다. 마치 마음속 깊이 사랑하는 연인과 처음 키스를 한 그 날처럼 자꾸만 생각나고 그 모습이 떠올라 자신도 모르게 흐뭇한 미소를 짓게 되는 그런 사랑스럽고 고귀한 꿈을 소망해 보자.

꿈은 스스로의 불타는 의지에 의해 탄생된다.

만일 오늘 그대의 꿈을 고심 끝에 선택했다면 절박하게 이루고자 노력하라. 그것이 꿈을 이루어낼 수 있는 가장 확실한 방법이다.

만약 운동선수가 되길 바란다면 가장 촉망받는 국가대표 선수가 되어 세계 대회에 나가 눈부신 활약을 보이기를 절박하게 원해라.

법조인이 되길 바란다면 정의의 선봉에 서서 사회를 좀먹는 불의를 바로잡는 뛰어난 법조인이 되길 절박하게 원해라.

농부가 되길 바란다면 이제껏 어느 농부도 이루지 못한 신기술을 접목시켜 가장 좋은 품질의 농산물을 생산해내는 최고의 농부가 되기를 절박하게 원해라.

가수가 되길 바란다면 자신의 노래를 듣는 사람들이 감동해서 쓰러질 만큼 아름다운 노래를 언제 어디서나 매끄럽게 부를 수 있기를 절박하게 원해라.

드디어 그대, 그토록 찾아 헤매던 삶의 희망이요 빛줄기가 되어줄 꿈을 찾았는가.

그렇다면 이제 그대의 꿈은 보다 실제적인 행동을 요구할 것이다. 단지 절박하게 원한다고 해서 꿈이 기적처럼 이루어질 수는 없음을 알아야만 한다.

그것 아니면 숨이 멎을 것 같은 꿈을 간직하고 그것을 향해 전진하자. 누군가 그대에게서 그 꿈을 빼앗아간다면 견딜 수 없을 만큼 가슴 아플 그런 꿈을 꿈꾸고 행동하자.

그렇게 뼈저리게 원하는 자신만의 꿈을 찾았다면 한시도 지체하지 말고 꿈을 이루기 위한 본격적인 행동을 개시해야만 한다.

꿈은 단지 머릿속에 상상으로만 존재하기를 원하지 않는다. 그대에게 남은 생애를 꿈을 이루기 위해 최선을 다할 수 있을 때 그 꿈은 필연코 이루어질 것이다.

나 역시 꿈을 지니고 있다. 내가 지닌 꿈은 많은 사람들에게 삶의 희망과 용기를 심어주는 작가이다. 나는 나의 꿈을 믿는다. 그러므로 글을 쓴다. 매일 목표한 만큼 자판을 두드리며 그 안에 내가 힘겹게 잉태한 사유의 씨앗들을 정성껏 심어놓는다.

자신의 꿈을 믿어라. 그 꿈이 장미꽃처럼 환하게 피어나서 그 향기가 온 세상에 흩뿌려질 그 아름답고 찬란한 생의 순간이 다가올 것을 확신하라. 절박한 심정으로 꿈을 지니고서 그보다 더 절실한 가슴으로 꿈을 이루기 위해 수고를 아끼지 말기를 바란다. 오늘 그대 자신이 하는 노력은 값진 보상을 부르는 원천이 될 것이다.

미래의 성공을 가능하게 하는 것은 바로 꿈을 이루고자 하는 스스로의 절박한 마음이다. 꿈을 사랑해서 미칠 것 같은 그런 심정, 꿈이 너무 좋아서 잠이 제대로 오지 않을 만큼 설레는 그런 피를 토하는 절박한 심정으로 오늘과 내일 그리고 미래의 나날들을 살아가라.

꿈을 이루고 싶다면 노력하라

과수원에 있는 아름드리 사과나무에 아무리 탐스럽고 먹음직스런 붉은 사과가 주렁주렁 많이 열려 있다고 해도 수고해서 따지 않으면 귀한 음식이 되어주지 못한다. 깊은 바다에 값비싼 참치가 물 반, 고기 반으로 가득 차 있다고 해도 손수 배를 타고 풍랑을 헤치며 그물을 던지는 수고를 하지 않고서는 그것을 잡을 수는 없다. 심지어 인간의 냄새나는 발바닥에 저항조차 하지 못하고 밟히는 가냘픈 몸매의 식물도 노력을 한다. 식물은 길고 긴 시간 차가운 땅속에서 비와 눈을 전부 받아먹으며 땅 속에 씨앗으로 웅크리고 견뎌내고 지켜내서 기꺼이 향기로운 꽃과 풍성한 열매를 피워 올리지 않는가.

우리가 살고 있는 덩치 큰 이 지구도 노력을 한다. 지구는 매일매일 자전과 공전을 반복하며 거대한 자신의 몸에 기대어 살고 있는 인간과 동물, 식물을 무한대로 책임지기 위해 사명의 끈을 놓지 않고 있다. 늙고 지친 지구는 지금 당장 삶을 포기하고 싶을 수도 있다. 인간이 배출한 더럽고 추한 오염물질들로 인해 지구의 상태는 이미 오래전부터 위험상태에 다다라 있기 때문이다. 그러나 지구에게는 자신을 기대고 믿고 살아가는 생명들을 보호하고 지켜주고 싶은 꿈이 있다. 그러므로 지구는 오늘도 인간이 자신의 수고를 알아주지 않아도 자신이 할 일을 말없이 묵묵히 수행하고 있는 것이다. 이렇듯 모든 것들은 노력이라는 토양 위에서 끈질긴 생명력을 유지하며 삶을 가꾸어 나가고 있다.

노력이 없는 인생은 수액이 끊긴 채 환자의 팔에 덩그러니 꽂힌 주사바늘과 같다. 수액이 없이 꽂힌 주사바늘은 어떤 결과를 초래하는가. 붉은 피가 역으로 솟구쳐 올라 그대로 방치하면 환자의 건강이 악화될 수도 있고 나아가 목숨까지 위태로워지는 것이다. 꿈을 향해 나아가는 길에 노력은 수액과 같은 것이다.

"어제까지 열심히 노력했으니 오늘은 좀 쉬어도 되겠지." 라며 어정쩡한 자세로 하는 노력은 꿈을 이루어내기에 역부족이다. 꿈을 이루기 위해서는 최선을 다해 노력해야겠다는 일관된 자세가 필요하다. 조금만 더 노력하면 이루어질 것을 그 조금의 노력을 다하지 못해 꿈의 목전에서 그만 포기하고 마는 안쓰러운 인생이 너무나 많다. 꿈을 이루지 못한 사람들에게는 아주 조그만 노력이 절실하게 필요하였던 것이다.

성공과 실패는 눈에 확 띄는 커다란 차이가 아니라 미세한 노력 그 한끝 차이일 수 있다. 자신이 원하는 꿈을 향해 인생을 살아가는 사람들은 자신이 목표로 하는 꿈을 이루기 위해 노력해야 하는 이유를 명확히 인식하고 있다. 그들은 좌절하거나 포기할 수밖에 없어 보이는 불행한 사태가 벌어져도 꿈을 포기하지 않았기에 강건하게 살아낼 수 있는 것이다.

왜 꿈을 이루기 위해 노력해야 하는가

왜 인간은 꿈을 이루기 위해 그토록 노력해야 하는가 생각해보자.

꿈에 대한 생각은 깊이 있고 진지하게 해야 한다. 가벼운 말장난이나 들어도 그만 안 들어도 그만인 농담처럼 꿈을 무성의하게 대하지 말라.

꿈이 그대에게 그러한 존재이듯이 그대도 꿈에 대하여 진중하라. 꿈을 이루기 위해 왜 노력해야하는지 스스로에게 질문하는 것은 자신이 무슨 연유로 이 세상에 태어났는지에 대한 해답을 찾아내기 위한 깨달음의 길과 함께 오랜 세월 동행한 길이다. 그 길에서 얻은 각자의 해답은 다를 수 있을 것이다.

그러나 궁극적으로 우리는 인간이라는 공통점으로 연결된 존재이다. 그러므로 왜 꿈을 이루기 위해 성실하고 일관된 자세로 노력해야 하는지에 대한 해답에도 공통점이 있을 것이다.

인간에게는 다른 존재들과는 분명히 차별되는 고차원적 '자아'가 있다. 그 자아는 끊임없이 성장하고 발전하며 진리를 추구하기를 원하고 있다. 그러나 그러한 자아의 바람을 깨닫지 못하고 자아를 방치함으로써 자아의 파멸을 초래하는 결과를 낳는다.

자아가 파멸된 사람들은 인간성의 상실로 이어지는 비참한 행로를 홀로 걸어갈 수밖에 없다. 술에 만취하고 마약에 영혼을 빼앗기고 도박에 인생의 운을 걸며 쾌락의 기쁨에 젖은 채 단 한 번뿐인 자신의 삶을 돌이킬 수 없을 만큼 처절하게 망치고 마는 것이다.

그렇지만 자신의 꿈을 이루기 위해 노력하는 사람은 자아를 무책임하게 방치하지 않는다.

자신에게 있는 고차원적 자아를 성숙한 지혜의 눈으로 인지하고 자아가 간절히 원하는 꿈을 발견하고 그 원대한 꿈을 이루기 위해 쉼 없이 노력하며 살아가는 건실한 사람들이 있다. 그들이 이 세상을 이끌어가는 중심이며 인류의 새로운 역사를 유려하게 써가는 사람들이다.

인간으로 태어났다는 것은 꿈을 이루기 위해 고결한 생명을 부여받았다고 해도 과언이 아니다. 물론 모든 꿈들이 다 이루어질 수는 없을 것이다. 그러나 꿈을 이루기 위한 노력은 누구나 할 수 있는 일이다. 그 노력조차 귀찮고 힘겹다고 무시하고 자아의 간곡한 소망을 팽개쳐버린다면, 사료에 코를 묻고 먹느라 마냥 바쁜 돼지와 다를 바가 무엇이 있겠는가. 꿈을 이루기 위한 노력을 하지 않는다면 안타깝지만 그렇게 될 것이다. 꿈을 이루기 위해 노력하지 않는 인간의 일생은 참으로 불행한 인생이다.

결코 자신이 바라는 꿈을 포기 하지 말라. 오늘 최선의 심혈을 기울여 노력한다고 해서 당장 자신의 꿈이 이루어지지 않고 멀게만 느껴지는 것은 아직 시간이 더 필요하기 때문이다. 얼마만큼의 시간인가. 그것은 꿈이 익어가는 시간이다. 풋과일을 먹으면 배가 아프거나 탈이 날 수가 있다. 꿈도 익을 만큼 익어야 한다. 간절히 바라는 꿈에 다다르기 위해서는 노력이라는 비료와 기다림이라는 인내의 시간이 필요한 것이다.

아무리 원대하고 좋은 꿈을 발견하였고 또한 그것을 마음 깊이 소중히 간직하고 살아간다고 해도 꿈을 이루기 위한 구체적인 땀방울을 흘리지 않고서 성공적으로 이루어지길 바라는 것은 어리석고 딱한 일이다.

요즘 사회는 땀을 흘리는 힘든 일을 기피하는 사람이 날로 늘어나기 때문에 고되고 험한 일자리에는 사람이 부족해서 아우성이다. 인생의 꿈을 이루는 데 있어서도 노력은 하지 않고 행운의 덕으로 쉽게 성취해보고자 바라는 위험한 사상의 풍토가 곳곳에 만연해 있다. 만일 누군가가 노력하지 않고서도 꿈이 이루어질 거라고 안일하게 생각한다면 가만히 속삭여 주고 싶다.

“제발 꿈 깨세요.” 라고.

꿈을 이루기 위해 지녀야할 보물들

오늘도 삶은 번거롭고 불쾌한 사건과 사고들을 원치 않는 그대에게 다가와 한 아름 안겨주었을지 모른다. 일상이 항상 즐거운 일, 기분 좋은 일만 일어날 수 있다면 얼마나 좋을까. 그렇지만 인생의 법칙은 유쾌한 일과 불유쾌한 일의 무한 교차로 이루어진다. 그렇기 때문에 그대는 수시로 발목을 잡아 흔드는 일상의 고민거리들을 과감히 극복하고 자신의 소중한 꿈을 이루기 위해 지녀야할 보물들이 무엇인지에 대해 차근차근 알아봐야 한다.

훌륭한 인물이 될 수 있음은 얼마나 오랫동안 고통을 잘 이겨낼 수 있는가 하는 과정의 문제로 결정된다. 고통은 육체적 고통일 수도 있고 정신적 고통일 수도 있겠지만 무엇보다도 자신의 의지를 억누르는 현실의 번민과 고통을 극복하고 이겨내야만 한다. 그것들을 이겨내는 방법은 바로 꿈을 이루기 위해 지녀야할 보물들이 무엇인지 분명히 깨닫고 그것들을 가슴 깊이 간직하며 꾸준하게 실천에 옮기는 일이다.

자, 꿈을 이루기 위해서는 어떤 보물 같은 깨달음을 가슴 속에 지녀야하는지 알아보자.

첫 번째 보물은 정직함이다.

자신에 대하여 가장 잘 아는 사람은 다름 아닌 자기 자신이다. 그러므로 자신의 행동이 정직하지 못하다면 스스로에게 부끄러울 수밖에 없다. 행여나 다른 사람에게 인격의 단면이 들통날까봐 더 그럴듯하게 거짓된 행동을 하지만 그런 사람에게는 행복이 찾아와 머무르고 싶어도 머무를 수가 없다. 행복은 마음의 평화라는 평온한 대지 위에서만 온전히 꽃피워지는 것이기 때문이다.

정직하지 못한 사람의 인생행로는 어떠한지 살펴보기로 하자.

그들은 늘 겉이 번지르르한 위선으로 자신의 부끄러운 내면을 감추고 여러 사람들을 감쪽같이 속이는 일에 몰두해야 하므로 하루하루가 아슬아슬한 살얼음판 위를 걷는 듯 위태롭다. 그러므로 꿈을 향하여 자신의 열정을 불태우기가 힘들고 설령 꿈을 지니고 삶을 살아간다고 해도 정직하지 못한 마음을 지니고 있기 때문에 그에게는 꿈이 이루어질 가능성조차 매우 희박하다. 왜냐하면 위대하고 가치 있는 꿈은 마음이 맑고 정직한 사람에게만 자신의 가슴을 열어주기 때문이다.

만약 그대가 믿고 모든 걸 의지했던 사람이 정직하지 못하고 위선의 가면을 쓰고 살아가는 사람이라는 것을 알았다면 기분이 어떠하겠는가.

그 기분이란 열대야로 잠 못 이루는 무더운 여름 밤 냉장고에서 갓 꺼낸 음료수를 시원하게 들이키다가 파리가 목구멍에 걸린 것처럼 찜찜할 것이다. 그 사실을 알고 난 후에는 그가 평소에 했던 모든 말과 행동들에 대하여 의구심이 들 수밖에 없다.

꿈을 이루고 싶다면 언제 어디서나 정직해야 한다. 타인을 속이느니 차라리 자신의 혀를 침묵의 입 속에 꽁꽁 묶어두어라. 자신을 속이느니 차라리 인식의 창을 잠시 닫아 두어라.

인간과 인간 사이의 신의를 저버린 부정직한 행동이나 말은 상대방의 믿음에 대한 비열한 배신행위라는 것을 잊지 말자.

두 번째 보물은 긍정적 시선이다.

맑고 쾌청한 공원에서 우연히 함께 앉은 두 사람이 한 사람을 바라보고 있다.

그들이 바라보고 있는 그 사람은 찢어진 낡은 작업복 바지에 심하게 더러워진 허름한 셔츠를 걸친 채 의자에 몸을 지탱하고 멍하니 앉아서 가쁘게 숨을 쉬고 있는 모습이다. 그가 살아 있는 것을 증명하는 것은 간간이 오르내리는 가슴의 움직임뿐이다. 몹시 힘들어 하는 그의 힘없는 모습은 오고가는 사람들의 시선을 붙들고 있었다.

그 모습을 유심히 바라보는 두 사람 중 한 사람은 눈살을 찌푸리고서 비평의 말을 서슴없이 내뱉는다.

“저 몰골을 좀 봐. 어휴. 저러고 살고 싶을까. 얼마나 게을렀으면. 쯧쯧.”

다른 한 사람도 그를 바라보았다. 그러나 그는 연민의 눈

빛을 보내며 말을 한다.

"힘든 일이 있나봐. 얼마나 삶이 고단했으면 자신의 몸을 돌볼 틈도 없을까. 가여워."

두 사람이 본 광경은 동일했다. 그러나 그들이 느끼는 감정과 대응은 극명하게 달랐다. 한 사람은 부정적인 시선으로 보았고 한 사람은 긍정적인 시선으로 보았기 때문이다. 그것은 마치 화단에 핀 꽃 한 송이를 보고 한 사람은 아름다운 향기를 맡았고 한 사람은 날카로운 가시를 본 것과 같다.

왜 인간은 부정적인 시선이라는 위험한 도구로 세상을 바라보면서 점점 더 어둡고 불안한 좌절의 늪에 빠져들고 있는가.

부정적인 시선을 지니고서는 자신이 소망하는 꿈을 이루지 못할 것이다. 부정적인 시선 안에는 행복이 머물 장소가 없기 때문이다. 꿈은 삶의 최종 목적지이고 그 꿈을 이루어내기 위해서는 희망이 있어야 한다. 희망이란 것은 긍정적인 바람이다. 자신의 미래가 부정적으로 펼쳐지길 소망하는 사람이 어디 있겠는가.

그런데 많은 이들은 스스로 긍정적인 상황이 아닌 부정적인 상황을 스스로 자초하고 있는 것이다. 더 심각한 것은 그렇게 행동하는 자신이 왜 자꾸 불행의 늪에 반복적으로 빠져들고 있는지 인식하지 못한다는 것이다. 하는 일마다 온통 오류투성이인 사람이 있다면 그는 이 모든 불행의 시초가 바로 부정적인 시선으로 삶을 왜곡하여 이해하기 때문이라는 아주 단순한 인생의 진실을 알 필요가 있다.

꿈을 이루고 싶은가. 그렇다면 최대한 긍정적인 시선으로 사물을 보라. 긍정적인 시선을 토대로 삶에 부드럽게 대처해 나가도록 하라. 그렇게 한다면 그 어떤 막강한 장애물도 그대가 꿈꾸는 이상의 행로를 방해하지 못할 것이다.

세 번째 보물은 순결한 영혼이다.

인간은 동공을 통해 바라보면 실제적으로 보이는 것은 육체가 전부인 것 같다. 하지만 눈으로 볼 수는 없지만 가장 앞장서서 삶을 이끌어가는 것은 바로 영혼이다. 그러나 영혼의 순결함에 대하여 그 누구도 그것의 중요성을 우리에게 가르쳐주지는 않는다.

나는 아름다운 그대에게 순결한 영혼의 중요성과 필요성

에 대하여 전하려고 한다. 학교에서 수년을 열심히 공부해도 학원에서 밤잠을 못 이루며 매일 공부해도 영혼의 순결성과 행복하고 보람 있는 인생의 불가분의 관계에 대하여 어떤 선생님도 특별히 시간을 내어 성심성의껏 알려 주지 않았을 것이다.

부모들은 자녀들의 성적이 이번 달에는 몇 점이나 올랐는가에 대해서만 관심의 촉수를 뻗을 뿐 아이의 영혼이 얼마나 순결한지 아니면 얼마나 세속의 더러운 바람에 흔들리고 있는지에 대해서는 거의 무관심하다. 그래서 점점 인간사회는 순결함과는 거리가 먼 암담하기 그지없는 퇴폐적 향락과 자멸의 세계로 달음질치고 있는 듯이 보일 때가 있다. 하지만 인생의 긍정적 꿈을 이루려는 야망과 포부를 지닌 사람이라면 순결하지 않는 영혼에 대해 더 이상 미련을 두지 말고 냉정하게 버려야 한다.

인간은 누구나 소중한 자아와 독특한 자기세계를 지니고 나름의 꿈을 지니고서 불안한 미래의 얼음장 위를 조심조심 걸어가고 있는 것이다. 그가 누구라도 그가 걸어가고 있는 얼음장 위에 돌을 던지지 말라.

예를 들어 아직 여성으로 성숙하지 못한 소녀를 오로지 성적욕망의 대상으로 느끼는 순간, 그는 그 소녀가 밟고 선 얇은 얼음장 위로 악의적으로 돌을 던지는 행위를 하는 것이나 마찬가지다. 그 얼음판은 단단하게 그 소녀를 지탱하고 있는 것 같지만 사실 그 아래에는 불과 몇 센티미터의 연약한 얼음이 있을 뿐이다. 장난삼아 던진 돌들에 의해서 서서히 균열이 가고 어느 순간 그 얼음판이 깡그리 깨지면 그 소녀는 차가운 강물 속으로 손 쓸 틈도 없이 침몰할 수 있다. 그래서 다시는 수면 위로 떠오르지 못할 수도 있는 것이다. 상대방의 의사와는 전혀 상관없이 자신의 욕구만을 해결하려고 하는 행동은 소녀가 딛고 선 얼음장을 깨부수는 것과 같은 행위이다.

꿈을 이루기 위해 지녀야하는 네 번째 귀한 보물은 거절을 두려워하지 않는 마음이다.

꿈을 완성한 순간이 환희와 희열로 가득 찬 기쁨과 행복의 만찬이라면 그것을 가능하게 한 숨은 공신이 있으니 그건 바로 거절을 두려워하지 않는 마음이다.

모든 성공에는 거절이란 쓰디쓴 경험들이 밑바탕에 내재되어 있다. 단 한 번도 누군가에게서 거절을 받아보지 않았다고 한다면 그는 애초에 성공을 위한 담대하고 위험한 모험을 시도하지 않았던 것과 같은 무능한 삶을 살았을 것이다. 거절을 두려워하지 않는다면 그대는 무엇이든지 도전할 수 있는 유망한 도전자의 자격이 있다. 그것은 거침없는 자신감이며 자기 자신을 신뢰하고 있다는 확증이기 때문이다. 자신이 지닌 잠재력과 성공에의 확신이 있는 사람은 타인이 아무리 냉정하게 거절해도 용기를 잃지 않는다.

오늘 한 번 거절당했는가. 아니면 지금까지 수백 번이 넘는 거절을 치욕스럽게 당해왔는가. 괜찮다. 앞으로 더 많은 거절을 당한다고 해도 그대는 가슴을 활짝 펴고 온화한 미소를 지으며 거뜬히 이겨낼 수 있다. 그래야만 하고 그렇게 하지 않으면 인생이란 험난한 파도가 굽이치는 바다에서 꿈을 향해 돛을 펄럭이며 위풍당당하게 항해해갈 수 없다. 책임감이 강한 배의 선장은 뱃머리가 암초에 부딪혀 배가 금방이라도 가라앉을 듯 위태로워 보인다고 해서 그 배를 버리고 자신의 몸만 건지겠노라고 바다로 뛰어들 수는 없는 일이다. 자신의 배를 제 몸보다 더 아끼는 책임감에 선장은 끝까지 배를 지켜내기 위해 안간힘을 쓸 것이다.

배는 꿈이고 거절은 인생의 암초다. 인생이라는 바다로의 항해는 소금기 머금은 마시지 못할 짠 물을 헤쳐 나가야 하는 것이며 그 위를 지나가는 배들을 붙들고 함께 수렁으로 빠져 들려고 작정한 듯 달려드는 수없이 많은 암초가 숨어 있기 마련이다.

인생의 드넓은 바다에도 거절이라는 뜻하지 않은 암초가 있다. 거절을 경험하면 할수록 그대는 더욱 강인해질 것이다. 왜냐하면 거절을 실패로 받아들이지 않고 더 나은 발전을 위한 도약의 계기로 받아들일 수 있다면 현재보다 더 나은 미래를 단단히 구축할 수가 있기 때문이다.

거절을 두려워하지 말라. 거절을 두려워하지 않는 당찬 마음을 지녀라. 그것이 꿈을 이루는 데 반드시 필요하다는 것을 현명한 인생의 선배들은 우리에게 친절하게 대변해주고 있다. 누군가가 거절의 쓴 잔을 자신에게 건넨다면 기꺼이 들이키고 환하게 웃어라. 다음번에는 반드시 성공하겠다는 집념의 손을 들어 그 잔을 받아 마셔라. 꿈은 거절을 두려워하지 않는 사람의 품에 사랑하는 연인처럼 포근히 안길 것이다.

꿈을 이루기 위해 선택해야 할 다섯 번째 보물은 온화한 미소이다. 부드럽고 따뜻하게 미소 짓는 사람의 얼굴을 바라보는 일은 그 자체만으로도 뿌듯하고 행복한 시간이 된다. 반면 찡그리거나 무표정한 사람의 얼굴을 바라보는 일은 그 자체만으로도 짜증나고 스트레스 받는 일이 될 것이다.

누군가에게 당신의 호의를 전하는 가장 쉬운 방법이 살며시 미소 짓는 일이라면 어떠하겠는가. 백화점에 가서 명품 물건을 사서 선물하는 것보다 더 쉽고 간편하며 갖은 아부를 하여 그의 비위를 맞추는 일보다 더 격조 높은 일이 미소를 선물하는 일이다.

꿈을 이루기 위해 왜 우리는 온화한 미소라는 보물을 지녀야 할까.

꿈은 향긋한 향기를 풍기는 사람의 가슴 속에서만 피어날 수 있는 꽃이기 때문이다. 행복한 향기를 풍기는 사람이란 그에게서 인격적인 향기 즉 사랑을 가득 담은 미소를 잘 짓는 사람이란 말과 일맥상통한다. 온화한 미소를 짓기 위해서는 마음에 갖가지 의심과 걱정이 없고 그 심중이 한없이 잔잔하고 평화로워야 한다. 생각이 헝클어진 채 어지럽고 사는 게 고통스럽다고 느끼며 막막한 권태로움에 빠진 사람은 억지미소를 지을 수 있을지는 모르겠지만 행복한 느낌이 전해져 오는 그런 아련한 미소를 지을 수는 없는 것이다.

꿈을 이루기 위해서 온화한 미소를 지녀야 하는 까닭은 그대의 마음이 온전한 자유와 평화가 깃들어 있을때 만이 어떤 목표를 지향해 제대로 걸어갈 수 있는 힘이 생기기 때문이다. 모든 고민거리로부터 떨쳐 나와 더 이상 그것들에게 얽매이지 않고 가슴을 활짝 펴고 미래의 꿈을 향해 전진할 수 있는 사람에게는 자연스럽게 온화한 미소가 떠나지 않을 것이다.

사람의 마음을 움직이는 미소는 진실한 미소다. 정직하고 온화한 미소를 지을 수 있도록 늘 마음속을 편안하고 따스하게 만들어야 한다. 화가 난다고 해서 자신의 얼굴을 그 감정대로 뭉개버리게 되면 꿈도 함께 형체를 알아볼 수 없을 정도로 처참하게 뭉개져버릴 것이다. 꿈을 이루기 위한 길고도 버거운 여정에서 지치고 고단한 자신의 심신을 위로해줄 것은 바로 온화한 미소이다. 그것은 타인에게도 위로가 되겠지만 자기 자신에게 더 큰 힘이 되어줄 수 있다.

자, 그럼 그토록 절실하게 필요한 꿈을 이루기 위해 지녀야 할 여섯 번째 보물에 대해 생각해 보자. 그것은 어떠한 역경에도 굴하지 않은 정신, 바로 불굴의 의지다.

산을 사랑하고 정상에 오르기를 꿈꾸는 의지가 강한 산악인들은 손끝만 닿아도 그 자리에서 온 몸의 세포를 꽁꽁 얼려 버릴 강추위와 위태로운 눈 절벽으로 사방이 둘러싸인 세계 최고의 고도를 자랑하는 산, 히말라야를 오르기 위해 죽음조차 불사한다. 그들 중 일부분은 실제 등반 도중에 갑작스런 기상악화로 인해 추락사를 당하고 젊은 나이에 인생을 채 꽃피우지 못한 채 안타깝게 삶을 마감한다.

그렇지만 누가 감히 그들에게 당신의 삶이 허무하다고 말할 수 있겠는가. 그들은 꿈을 이루기 위한 행복한 여정에서 자신의 꿈이 영원히 서려 있는 히말라야의 품 안에서 숨을 거두었기에 행복한 마음으로 자신이 사랑하는 그 거대한 산의 가슴에서 잠들었을 것이다. 꿈을 위해서 가는 길이라면 죽음도 두렵지 않으리라는 불타는 신념을 지닐 수 있는 것은, 꿈은 곧 인간에게 절실한 삶이고 타고난 운명이기 때문이다. 숨이 턱에 차고 내장이 쏟아져 나올 것 같은 극한의 고통에도 굴하지 않고 히말라야를 등정한 그들에게는 누구도 빼앗아가지 못할 불굴의 의지가 있다. 산을 오르다가 어떤 불행한 일이 벌어질지 모르지만 그 모든 것들을 감내하고서 기어코 정복하겠노라는 투철한 각오와 자신과의 약속을 깨트리지 않으리라는 불굴의 의지가 뜨거운 화인처럼 가슴에 선명하게 찍혀 있었던 것이다.

뭔가를 이루겠다는 꿈을 지녔다면 그에 필적할만한 뜨거운 의지를 지녀야 한다. 그렇지 않고서 '조금 노력하면 되겠지'라는 안일한 생각을 가지고서 그럭저럭 대충 시늉만 하다가 운 좋게 꿈을 이루고 싶어 한다면 참 딱하고 헛된 바람이 될 것이다. 불굴의 의지는 꿈을 이루고 싶어 하는 강렬한 소망에서 비롯된다.

이제 그 꿈을 이루기 위해 그대는 어떠한 고난과 시련 앞에서도 나약해지거나 굴복하지 않으리라고 다짐하여야 한다. 굳센 믿음으로 자신의 꿈이 이루어질 것을 스스로에게 쉴 새 없이 세뇌시키기 바란다.

'된다' 하면 될 것이고, '안 될지 몰라'하면 정말 재수 없게 안 될지 모른다. '이루어질 것이다'하면 이루어질 가능성은 축복받은 것처럼 한없이 높아질 것이다. 불굴의 의지를 확실하게 지니게 된다면 그 누구도 그 무엇도 그대의 꿈을 막아설 수 없을 것이다. 왜냐하면 그대의 가슴은 꿈을 이루고자 하는 욕망으로 너무나 뜨겁게 불타오르고 있어서 하찮은 방해 따위는 거뜬히 녹여버릴 것이기 때문이다.

시간은 화살보다 더 빠르게 우리들의 삶의 중심을 관통해 잽싸게 지나간다. 인생은 진실하고 아름답고 존귀한 꿈을 완성하기 위해 한 걸음 한 걸음 걸어 나가는 신나는 모험의 연속이다.

자신의 정신세계에 간절히 원하는 꿈을 새기지 못한 자는 삶에 대해 진정성을 논하지 말라. 꿈은 인간에게 가장 중요한 요소이며 절대적 가치이다.

꿈을 포기하는 순간
불행은 기뻐하며 웃는다

유구한 인간사는 세상에 태어났다가 자신의 꿈을 이루지 못하고 죽은 사람들이 대부분이다. 그들은 자신이 간절히 원하고 있는 꿈을 아주 조금만 노력해보는 시늉을 하고서는 신세한탄을 하며 포기하고 만 사람들이다.

'이래서 저래서 안 돼.'
'나는 소질 없어.'
'내 주제에 무슨 그런 일을 하겠다고.'

그들은 그렇게 꿈을 향해 달려가던 아름다웠던 질주를 멈추고 말았던 것이다.

그대는 알고 있는가. 만일 그대가 꿈을 포기한다면 그 순간 불행이 어둠 속에서 회심의 미소를 짓고 있다는 사실을.

등골을 오싹하게 만드는 공포 추리영화 속에서 살인자가 살인할 대상을 물색한 후 조용히 그 집 내부에 잠입하고서 검은 어둠을 장막처럼 두르고 짓는 미소처럼, 불행의 미소는 소름 돋치고 불길하다. 불행이 미소 짓는 순간 인생은 암담한 미래 속으로 빨려들어 가게 될 것이다.

자신의 적성과 이상에 맞는 꿈을 품고서 그것을 향해 나아가다가 중도에 멈추고 포기하는 일은 인생을 죽음의 해일 속에 내던지는 자멸의 길임을 기억하라.

불행은 번뜩이는 눈초리로 항상 인간의 빈틈을 노리고 있다. 조금만 더 지치기를 바라고, 조금만 더 좌절하기를 바란다. 어서 빨리 꿈을 포기하고 자신이 펼쳐놓은 타락과 파멸의 땅으로 들어서길 간절히 바라고 있는 중이다. 불행의 입술은 하염없이 달콤하다. 그것과 입맞춤 하는 것은 꿈을 찾아 고난의 가시밭길을 헤치고 나가는 일보다 더 편안하며 유혹적이다. 그렇지만 그 달콤한 입맞춤은 오래 가질 못하며 결국에는 짙은 후회의 그림자만 남겨지게 될 것이다. 왜냐하면 불행에게는 진정성이 없기 때문이다. 불행이 인간에게 주는 것은 거짓된 안식 그 자체이다. 겉으로 보기에는 최고의 것으로 보일지 모르지만 속은 최악의 것으로 채워진 것이 바로 불행이 주관하는 일들이다. 불행이 가장 공을 들여 기획하고 이행하는 일이 있으니 그것은 바로 인간에게서 행복의 열쇠를 찾아줄 꿈을 영영 빼앗아가는 일이다. 불행은 그 일을 성사시키는 것이 가장 신나는 일이며 특기이다.

불행은 꿈을 잃은 인간을 가장 좋아한다. 그러므로 기억하라. 그대가 꿈을 포기하는 순간을 목이 빠져라 기다리고 있는 불행이란 녀석이 있다는 사실을.

꿈을 소중히 여기는 사람이라면 꿈을 향해 노력하는 일을 중도에 포기하고 자기 합리화를 하기 위해 그럴싸한 변명거리를 찾는 일을 하지 않는다. 그대 역시 누군가가 나서서 자신이 봉착한 어려움들을 해결해 주기를 바라지 말고 스스로 용감하고 호기롭게 나서서 자신의 문제들을 해결해 나가다보면 결코 극복할 수 없을 것처럼 보이던 문제들도 얼마든지 극복가능하다는 사실을 알게 될 것이다.

강력한 신념으로 꿈을 이루어라

이 세상에서 인간이 이룰 수 없는 것이 있다면 그것은 생명의 탄생과 죽음을 주관하는 일일 것이다. 그것은 인간의 영역이 아닌 신의 영역이기 때문이다. 하지만 그 외의 모든 것들은 이룰 수 있는 가능성이 열려 있다. 이 사실을 증명하고 싶다면 지나간 사실들을 곰곰이 살펴보면 될 것이다.

불과 백여 년 전의 인류에게는 컴퓨터로 전 세계인들이 서로 대화하며 정보를 공유하는 광대한 공간 인터넷 세상이 도래하게 될 것이라는 것은 소수의 선지적인 과학자들을 제외하고는 결코 상상조차 하기 어려웠던 생소한 일일 것이다. 현대의 세상은 불과 몇 십 년 전에는 도저히 불가능해 보이는 일들도 어느새 실현가능한 일이 되어버리는 것을 우리는 직접 느끼고 목격할 수 있다. 이제는 생명의 탄생과정에도 관여하고 싶은 인간의 끝없는 욕망은 종교적 입장에서 보면 금기시해야만 할 인간복제에 도전하고 있지 않은가.

상상의 세계에서나 가능했던 일을 이루어 나갈 수 있는 것은 강력한 신념의 힘이 있기에 가능한 일이다. 그 어느 것도 인간의 불타는 신념의 힘을 막아설 수 없다.

그대가 그러한 신념의 힘을 자신의 것으로 오롯이 만들 수만 있다면 현재 골치를 썩이고 있는 각종 문제와 고민거리들로부터 깨끗하게 벗어날 수 있음을 약속한다. 왜냐하면 꿈을 이루어야만 한다는 강력한 신념은 모든 잡다한 걱정거리와 힘겨운 일상의 파편들을 일일이 제거해주고 방어해주는 개념 있는 보디가드와 같은 역할을 해주기 때문이다. 그러므로 꿈을 향한 명확한 목표의식과 강력한 신념을 지닌 사람에게는 매일매일이 새롭고 흥미롭고 활기찬 나날이다.

'오늘은 어떤 흥미로운 것을 신나게 배워볼까.',

'나의 꿈을 위해 도움이 되는 일은 무엇이 있을까.',

'오늘도 좋은 사람들과 뜻 깊은 하루를 보내야겠어.'

이렇듯 즐거운 예감으로 솟아오르는 아침 해를 반갑게 맞이하는 사람의 가슴에는 성공의 태양이 시나브로 떠오르고 있는 것이다.

반면,

'오늘은 어떤 문젯거리들이 생겨날까.',

'재수 없는 그 사람과 또 마주쳐야 하다니.',

'더 많은 돈과 더 짜릿한 쾌락을 얻기 위해 어떤 일을 해야 보탬이 될까.'

이렇듯 상한 과일처럼 퇴색한 생각들을 품고 아침 해를 맞이하는 사람의 가슴에서는 덕지덕지 곰팡이가 핀 욕망의 애벌레들이 떼를 지어 꿈틀거릴 뿐이다.

꿈을 갈망하는 강력한 신념은 인생을 지켜주는 정직하고 든든한 파수꾼과 같다. 만일 그것이 어리석은 지성과 방향을 잃은 도덕성에 의해 파괴되어 버린다면 인생 전체가 어이 없이 와르르 무너져 내리고 말 것이다. 꿈과 신념은 오랜 시간

함께 추억을 쌓은 허물없는 단짝 친구처럼 서로에게 반드시 필요한 존재들이다.

꿈만 있고 신념이 없다면 그 꿈은 단지 신기루와 같은 환상에 불과할 것이고 신념만 있고 꿈이 없다면 그 신념은 오히려 인생의 수레바퀴를 진흙구덩이에 빠트릴 위험이 있는 것이다. 그러므로 꿈과 신념은 서로 애틋하게 공존하며 향기로운 조화를 이루어 보완하는 관계일 때 비로소 그 가치가 돋보이게 되는 것이다.

그대에게 만약 지금 꿈만 있다면 신념을, 신념만 있다면 꿈을 따뜻이 가슴 안에 받아들이기를 바란다. 꿈과 신념, 두 가지를 모두 다 소유하고 인생의 바다를 항해한다면 더 이상 자신의 정체성에 대한 의식의 혼란으로 망망대해를 표류하는 불행은 없을 것이다.

자신이 누구인지 무엇을 간절히 소망하는지 잘 알고 또한 소망하는 것이 반드시 이루어질 것이라는 확신을 지닌 사람에게 불가능한 일은 없을 것이다.

강력한 신념으로 꿈을 이루어라. 현실의 언덕 위에 올라서

서 나의 꿈은 반드시 이루어질 수 있다고 큰소리로 외쳐라. 매일 밤마다 잠들기 전에 주문을 외우듯 자신의 꿈이 이루어지는 멋진 장면을 상상하라. 성공한 자신의 빛나는 미래의 모습을 그려 보아라. 그리고 원하는 일은 무엇이든 할 수 있다는 사실을 믿어라.

자기 자신을 진심으로 믿어주는 것은 백 만 명의 대중이 열렬히 환호하며 그대를 믿어주는 것보다 더 큰 위안을 줄 것이다. 난관에 부딪힐 때마다, '내가 과연 잘 할 수 있을까'하는 의구심이 들 때마다 다시 힘을 주고 불끈 힘이 솟아오르게 하는 용기와 미래에 대한 달콤한 희망을 줄 수 있는 것, 그것이 바로 신념이다. 자신을 진심으로 믿고 노력하는 그대의 꿈은 조만간 이루어질 것이다. 그대는 그래야만 하는 필연적 운명을 지니고 태어났기 때문이다.

오늘도 이러저러한 힘겨운 일들이 그대를 매우 지치게 만들었을 것이다. 어쩌면 좋은 일보다는 울고 싶게 만드는 일, 의욕을 꺾어버리는 일들이 더 많이 생겼을지도 모른다. 그렇다고 해서 주저앉아 버린다면 지금까지 살아온 삶의 보람은 하얀 물거품이 되어 덧없이 사라져 버릴 것이다. 여기에서 꿈을 포기해버린다면 과거의 성과는 물론이거니와 미래의 눈부신 성공의 시간도 날아가 버리고 삶의 진실한 알맹이가 빠져나간 빈껍데기가 되어버릴 것이다. 꿈을 버리는 일은 단 한번뿐인 소중한 인생의 시간들을 하수구에 고의적으로 쏟아버리는 일이다.

버릴 것인가, 지킬 것인가. 성공할 것인가, 실패하고 처량한 최후를 맞이할 것인가.

이제 더 늦기 전에 여러분은 강력한 신념을 선택해야만 한다. 지금 이 순간 강력한 신념은 그대만을 위한 마법을 일으킬 준비를 하고 있다. 그것은 인간의 꿈을 아득한 미지의 꿈이 아닌 그대의 인생에서 현실로 이루어줄 것이다.

인생을 완성시키는 꿈의 실체

총알이 소낙비처럼 쏟아지고 생사의 고비를 수시로 넘나드는 전쟁터에서 자신의 생명을 보호하고 가족과 조국의 평화를 지키기 위해서는 적의 동태와 전술 등에 대해 철저히 파악해야 하듯이 꿈을 이루려면 자신이 이루고자 하는 꿈의 내면과 실체에 대해 잘 이해해야 한다.

꿈이란 무엇일까. 왜 인간은 자신이 바라는 꿈을 이루기 위해 쉼 없이 노력하는 것일까. 그것을 이룰 수 없다는 생각이 들면 왜 그토록 서글퍼지고 눈물겨워지는 것일까.

어떤 이는 자신이 꿈꾸는 세상을 이루기 위해 목숨까지도 아낌없이 바친다. 이처럼 죽어서라도 이루고 싶은 것이 꿈이라면 그것의 가치는 얼마나 대단한 것이겠는가.

꿈은 그대의 인생을 찬란하게 완성시키는 숨겨진 자원이며 가장 핵심적인 근간이 되는 본질이기도 하다. 누군가가 이러한 꿈의 실체에 대해 알고자 하는 것은 자신이 지향하는 삶의 이상향에 접근하게 되었다는 것을 간접적으로 의미하는 것이다.

인생이 유한하고 다시 반복될 수 없는 일회성을 지닌 단 한 번의 절호의 기회라는 것을 스스로 깨닫게 될 때쯤 우리는 인생이란 무엇이며 무엇을 지향하며 살아가고 있는지를 차분하게 생각해보는 시간을 갖게 된다. 그러면 자신이 살아온 길이 또 앞으로 걸어갈 길이 마치 긴 선으로 이어지듯이 나타난다.

하루하루라는 시간이 성실하게 쌓여 한 사람의 일생이 되듯이 한 방울 한 방울의 땀방울이 퇴적해 그 사람의 지울 수 없는 평생의 업적이 된다. 지금 이 시간을 어떻게 보내느냐에 따라 자신이 꿈꾸는 세상이 올 수 있느냐가 결정되어진다는 사실을 명심하라.

그럼, 지금부터 꿈의 특징에 대해 알아보도록 하자.

사람에게도 그 사람만의 독특한 개성과 특징이 있듯이 꿈도 고유한 특징이 있다. 이 특징들은 인류가 생존하는 마지막 순간까지 함께 할 의리 있는 친구의 돈독한 우정과도 같다.

자, 이제 꿈의 특징을 뇌리에 또렷이 각인시켜라.

꿈의 첫 번째 기억해야할 특징은 자신을 원하는 사람에게는 기꺼이 다가가는 성질이다. 꿈은 자신을 필요로 하는 사람에게 다가간다. 꿈은 누군가가 자신을 그리워하고 함께 하고 싶어 부르면 지체 없이 환하게 미소를 띤 얼굴로 찾아온다. 때로는 깡충깡충 귀여운 토끼처럼 때로는 다소곳이 진달래꽃빛 옷고름을 입에 문 오월의 새색시처럼 인간을 방문한다. 손님이 자신의 집을 방문했다면 얼른 대문을 활짝 열어 맞이해야 한다.

그러나 우리들은 가끔 손님이 방문했다는 사실을 까맣게 모르고 다른 일들에 넋을 빼앗겨버리곤 한다. 그래서 먼 길을 찾아왔던 반가운 손님은 굳게 닫친 대문을 망연히 바라보다가 왔던 길을 쓸쓸히 홀로 되돌아가기도 하는 것이다.

꿈도 마찬가지다. 꿈이라는 손님은 당장 문을 열어주지 않으면 뒤돌아서서 떠나간다. 그리고 꿈이 떠나간 그 자리에는 꿈의 꽁무니를 몰래 밟아 따라온 현실에의 안주라는 신통치 않은 녀석이 히죽 웃으며 멀뚱하게 서 있다.

꿈은 자신을 원하는 사람에게 다정하게 다가가는 특징을 지니고 있으며 자신을 무시하고 외면하는 사람에게는 그리 오래 머무르지 않는다는 사실을 직시하길 바란다. 그러므로 행복한 인생을 살고자 하는 그대는 꿈을 무시하거나 외면하지 말고 혹시라도 꿈에 대한 관심의 점도를 묽게 하는 치명적인 실수를 범하지 말아야 할 것이다. 행복과 꿈은 떼어내려고 해도 뗄 수 없는 밀접한 관계에 있는 것이기 때문이다.

만일 그대가 교수가 되고 싶다는 마음을 지니고 있다면 교수의 꿈을 원하고 호명하라. 간절한 기도는 언젠가는 하늘의 끝까지 가 닿는 법이다. 교수의 꿈은 그대가 원한다면 언제든지 다가올 것이다. 그대가 만일 화가가 되고 싶다는 마음을 지니고 있다면 화가의 꿈을 원하고 호명하라. 화가의 꿈을 원하면 운치 있는 화가의 꿈이 그대를 찾아와 세상을 아름답게 화폭에 담아내는 화가가 되는 길로 인도해줄 것이다. 그대가 만일 요리사가 되고 싶다는 마음을 오래전부터 품고 있었다면 이제 마음으로만 그 소망을 간직하고 있지 말고 요리사의 꿈을 호명하라. 그러면 요리사의 꿈은 당장이라도 그대에게 달려와 최상의 요리로 수많은 사람들의 입맛을 사로잡는 일류요리사가 되도록 이끌어줄 것이다.

그대가 무엇이 되고 싶든지 원하는 꿈을 따스한 사랑의 마음을 담아 부르기만 하면 그 꿈은 만면에 미소를 띠고서 그대 곁에 다가올 것이다.

초록 숲에 우윳빛 아침안개가 낮게 깔리듯이 무지갯빛 꿈이 그대의 무채색 인생에 살며시 안겨올 때 가장 아름다운 연인을 품에 안은 듯 소중하게 보듬어 안아라. 그리고 결단코 놓치지 말라.

꿈의 두 번째 특징은 자신을 선택한 사람의 독립심을 고취시켜주는 주요한 역할을 하는 것이다.

나이가 30이 다 되어서도 부모의 품을 벗어나지 못하고 자신의 힘으로는 무엇 하나 제대로 하지 못하고 남에게 의지하며 살아가는 어린아이 같은 사람들이 있다. 어디를 가는 것도 부모 허락을 받고 누구와 만나야 하는 것도 부모의 지도를 받으며 어떤 직업을 가질 것인지도 부모가 골라주는 일을 하며 사는 사람들.

그런 사람들에게 결여된 것은 세상을 홀로 헤쳐 나가고자 하는 용기와 독립심이다. 독립심은 정상적인 성인이 되기 위해서는 반드시 획득해야만 하는 성품이다. 독립적이지 못한 인간은 평생을 누군가에게 조종당하고 예속되어 살아갈 수밖에 없다. 인간은 자의식에 의해 자발적으로 생각하고 행동함으로서 살아있음의 참 맛을 느낄 수 있는데 그 참 맛을 모르고 살아간다면 얼마나 안타까운 삶이겠는가.

인간은 자신의 일을 스스로 선택해서 하고자 하는 욕구가 있으며 만일 누군가의 지시로 하고 싶지 않은 일을 강제적으로 할 때는 분하고 억울한 마음을 느낀다. 그것은 바로 독립성의 일부가 이미 내면에서 발현되고 있기 때문이다. 꿈은 이러한 기존의 독립성을 보다 더 자율적이고 굳건하게 마음속에 심어주게 된다.

한 가지 목표를 향해 올곧게 걸어가는 사람에게는 누군가의 그럴 듯한 감언이설이나 신체를 위협하는 공갈협박 등도 아무런 영향을 끼치지 못한다. 그는 이미 자신의 내부에서 울려나오는 자아의 확고하고 진실한 목소리를 새겨듣고 있기 때문이다. 아무리 편하고 손쉬운 방법이 있다하더라도 부당한 방법이라면 타협하지 않고 정직하고 떳떳한 방법으로 세상을 살아가는 것, 주위의 모든 사람들이 수근 거리고 비웃어도 자신이 이루고자 하는 목표를 향해 동요 없이 노력하는 것이 바로 꿈을 지닌 사람에게서 찾아볼 수 있는 독립심의 본모습이다.

세 번째 꿈의 특징은 가늠할 수 없는 기쁨을 안겨주는 것이다.

가늠할 수 없다는 것은 무슨 의미인가. 너무 넓고 너무 깊어서 그 크기와 깊이를 알 수 없을 때 우리는 가늠할 수 없다는 말로 표현한다. 그렇다면 꿈이 도대체 왜 인간에게 가늠할 수 없는 기쁨을 주는 특징을 지녔는지 불현듯 궁금하지 않을 수 없다. 그대는 먼저 기쁨이 무엇인지를 이해해야만 한다. 기쁨이 무엇인지에 대해 생각해본 사람은 의외로 많지 않을 것이다. 왜냐하면 기쁨은 일부러 고의적으로 생성시키는 인위적인 감정이 아니기 때문이다. 기쁨은 자연스럽게 우러나오는 시원한 옹달샘의 물처럼 인생의 길에서 고군분투하고 있는 인간들에게 숨통을 틔워주는 산소와 같은 것이다. 그렇게 신선하고 맑고 깨끗한 느낌이 기쁨이며 삶의 행복이라고 할 수 있는 것이다.

그러나 기쁨도 위장된 것이 많다. 얼핏 보면 기쁨인 것 같지만 사실은 진정한 기쁨이 아닌, 기쁨을 가장한 이기심일 수도 있으며 그 때는 기쁨인 줄 알았었지만 나중에 알고 보니 기쁨이 아닌 슬픔이었던 적도 있는 것이다. 그러므로 자신이 지금 느끼는 기쁨이 진정한 기쁨인지 아닌지 알기 위해서는 그것의 의미를 올바르게 해석할 수 있는 분석의 지혜를 지녀야 할 것이다.

자, 기억하라. 진정한 기쁨은 그대에게 희망과 용기와 인생에 대한 밝은 비전과 삶의 긍정적인 면들에 대한 민감한 반응을 이끌어내는 것이다. 그러나 진정한 기쁨을 가장한 가식적인 기쁨은 그대에게 절망과 좌절과 인생에 대한 비관적인 상상과 삶의 부정적인 면들에 대한 민감한 반응을 격렬하게 초래하게 만드는 것이다. 이 둘을 가려내는 지혜가 바로 분석의 지혜이다. 그렇다면 꿈은 어떤 기쁨에 속할까. 물론 진정한 기쁨의 영역에 속한다. 그것도 가장 최상의 기쁨에 속함은 물론이다.

꿈은 어떠한 것으로도 측량할 수 없는 삶의 만족과 기쁨을 준다. 그것을 처음 만난 순간부터 함께 질곡의 나날들을 헤치고 나가는 순간과 그리고 계획한 목표에 도달하기까지 최고의 만족과 기쁨을 주기에 부족함이 없는 자질을 지니고 있다.

지금 아무에게도 털어놓지 못할 혼자만의 고민으로 머리를 싸매고 아랫목에 홀로 누워 있는가,

그렇다면 그대에게 필요한 것은 한 줌의 효능이 좋은 알약이 아니라 꿈이다.

지금 삶의 매몰찬 기운과 사회의 차가운 냉대에 지쳐 더 이상 일어나거나 다시 시작할 힘을 잃었는가,

그렇다면 그대에게 필요한 것은 한 잔의 진한 홍삼국물이나 복권 당첨이 아니라 꿈이다.

이 세상에 왜 태어났을까 원망하는 마음만 가득 들고 아침에 눈 뜨는 것조차 차마 두려운가,

그렇다면 그대에게 필요한 것은 자리를 저절로 박차고 일어서게 할 꿈이다.

꿈의 네 번째 특징은 자아의 정체성을 깨닫게 해주는 것이다. 정체성이란 각 인간에게 부여된 정신의 본질이라고 할 수 있다. 꿈은 인간에게 스스로를 되돌아볼 수 있는 기회와 계기를 마련해준다. 내가 누구인지, 나는 어디에서 비롯되었는지, 나를 살아가게 하는 기운찬 원동력은 어디에서 나오는지, 자신의 삶을 어떤 방식으로 살아가기를 원하고 있는지, 왜 하루

하루 착실하게 살아가야 하는지, 삶의 의욕을 생기게 하는 것이 바로 꿈이다.

자신의 정체성을 깨닫는 일은 대단히 큰 가치가 있는 일이다. 어떤 위대한 것도 처음에는 미미한 시작으로부터 비롯되었듯이 인간의 범접할 수 없는 위대성도 스스로를 자각하고 인식하며 치열하게 사색하는 것에서부터 비로소 시작되었다는 사실을 인지하라.

자아의 정체성을 깨닫는 것은 자신의 원초적인 본질을 깨닫는 것이며, 인생의 토양을 가장 이상적인 환경으로 비옥하게 조성하는 일이다. 기름지고 영양이 풍부한 흙과 새벽잠을 못 이루며 논과 밭을 오가는 정성어린 농부의 보살핌이 있어야 좋은 곡식이 탐스럽게 자라나는 것처럼 인생의 풍요로움과 성공 또한 긍정적 사상을 품고 그에 걸 맞는 꿈이라는 귀한 묘목을 심어 줌으로써 비로소 훌륭한 열매를 맺을 수 있는 것이다.

꿈이 지닌 다섯 번째 특징은 근면하게 노력하는 사람과 함께 나란히 동행한다는 점이다.

꿈은 근면한 사람을 유별나게 좋아한다. 누가 지켜보지 않아도 자신이 맡은 일을 꼼꼼하게 수행하고 정성껏 업무에 임하는 사람은 꿈이 좋아하는 사람이라는 것을 기억하라.

근면한 사람은 자기 자신에게 정직하고 스스로가 정한 인생의 올바른 규율에서 어긋나지 않도록 주의하며 사는 사람이다. 그는 도도하거나 가식적이지 않으므로 다른 이들의 마음에 평안함을 준다.

자신에게 남겨진 소중한 인생의 시간들을 사랑하는 사람들과 미래의 멋진 나날들을 상상하며 행복하게 살아가고 싶은가.

그렇다면 꿈은 올바른 일을 위하여 근면하게 노력하는 사람에게만 자신의 옆자리를 기꺼이 허락한다는 사실을 잊지 말라.

자신의 꿈이 이루어지기를 원하는 사람은 밤하늘의 별들보다 많지만 꿈의 마음을 사로잡는 사람은 한정되어 있다. 꿈의 마음을 온전히 사로잡을 수 있는 사람은 바로 자신이 선택한 정의로운 일에 최선을 다하여 피를 토하듯 열정을 토해내며 근면히 노력하는 사람이며 모든 면을 선의의 관점에서 바라보고 아름답고 순수한 삶을 추구하는 청결한 가치관을 지닌 참된 사람이다.

꿈의 여섯 번째 특징은 인간이 원하면 거절하지 않고 항상 기쁘게 달려와 주는 것이다.

그대가 꿈꾸는 꿈은 자신의 인생에서 어떤 의미인가.

연애를 할 때 우리들은 조용한 밤하늘 아래에서 가끔 생각해보곤 한다.

'나는 너에게 너는 나에게 과연 어떤 의미일까.'

그렇지만 꿈과 자신의 관계에 대해서는 그런 애잔한 생각의 실마리를 풀어가고자 하는 사람은 많지 않다. 너무 가까이 있고 익숙한 것들에 대해 고마움을 의식하지 못하고 살아가는 것처럼 꿈도 우리가 원하면 항상 달려와 주기에 고마움과 소중함을 채 느끼지 못하고 살아가는 것은 아닐까.

우리는 몸이 아프면 불안한 마음으로 병원을 찾는다. 그리고 피검사며 엑스레이며 소변검사며 첨단 MRI 촬영에 이르기까지 여러 가지 검사를 받는다. 그리고 그 원인을 발견하여 치료하고 완치되기까지 엉덩이에 주사를 맞고 쓰디쓴 약을 먹고 병원생활의 불편함을 감수하고 입원을 하거나 바쁜 시간을 쪼개어 통원을 하는 등 시간과 돈을 지불한다.

그러나 꿈은 우리에게 하나뿐인 목숨을 내놓으라거나 돈을 요구하거나 무서운 경고를 하거나 수술대 위에 올려놓기 위해 서명할 것을 종용하지 않는다. 오히려 인간이 가지고 있는 고통과 고독으로 빚어진 생의 아픔을 아무런 물질적 요구를 하지 않고서 치유해주는 아량을 베풀어 준다. 꿈은 인간을 시리도록 그립고 절실한 친구로 생각한다.

인간에게서 사랑이란 말을 빼면 무엇이 남겠는가.
세상은 새로운 인류가 더 이상 나타나지 않아
서서히 소멸되고 말 것이다.

제 5장

울고 싶어도 내 인생, 이해하며 살아가라

이해하라

우리는 단 한순간도 이해와 무관한 삶을 살아갈 수가 없다. 극단적으로 말하자면 세상에 대한 이해를 하지 않고서는 이 어지러운 세상을 사람답게 살아갈 수가 없다. 안전한 집에서 나와 길을 나서서 걸어가는 것 자체도 이해를 필요로 한다. 도로와 인도의 구분에 대한 이해가 없다면 차가 쌩쌩 달리는 차도 위를 거침없이 걸어가다가 교통사고를 당하고 말 것이다. 이해력이 부족한 인간은 인생의 낙오자로 전락하고 사람들에게 멸시를 받으며 몰락하고 말 가능성이 농후하다.

왜 이해하는 일이 중요한가.

그것은 세상의 모든 것들이 그대의 이해를 바라고 있기 때문이다. 사람들은 다른 이들이 자신을 이해해주기를 바란다. 이해를 해준다는 것은 있는 그대로 상대방을 인정해준다는 것이다. 그의 존재를 인정해주고, 그가 하는 일을 인정해주고, 그가 생각하는 것들을 인정해주는 것이 바로 이해다.

겨우내 빈 가지만 쓸쓸히 나부끼던 사과나무에 맛있는 사과가 열리게 하기 위해 농부는 좋은 거름을 그 뿌리에 넣어주고 말라버린 가지를 골라서 잘라주는 등 온갖 정성을 들인다. 농부는 사과나무의 특성을 이해하고 있기에 정성을 기울이는 것이다.

좁고 작은 길에는 작은 차만 다닐 수 있지만, 넓고 큰 길에는 온갖 차들이 공간의 자유를 만끽하며 신나게 쌩쌩 달릴 수 있다. 이렇듯 그대가 좁고 작은 이해의 마음을 지니고 산다면 작은 성공과 작은 행복만 초라하게 곁에 머물게 되고, 크고 넓은 이해의 마음을 넉넉하게 지니고 산다면 크고 풍성한 행복이 머물게 될 것이다.

우리는 골치 아픈 일을 붙들고 아옹다옹 시름하며 살기보다는 편안하고 여유로운 마음으로 일상을 즐기며 살기를 원한다. 그러나 이해의 폭이 넓지 못한 사람들이 사회를 구성하고 있을 때에는 늘 소통 부재의 장벽이 가로막혀 있을 수밖에 없다.

그대가 'A'라는 사람과의 관계를 오늘 포기한다는 것은 'A'라는 사람에 대해 이해하려고 시도하는 것을 더 이상은 하지 않겠노라는 무언의 선언이며, 'B'라는 일에 대한 관심과 열정을 포기한다는 것은 'B'라는 일에 대해 이해하고 면밀하게 사고하기를 더 이상 하지 않겠다고 자신에게 공표하는 것이다. 결국 이해심이 부족한 것은 바로 자신의 의지 탓임을 명심해야만 할 것이다.

어떤 점원은 장사가 예전처럼 되지 않기 때문에 월급을 못 올려주는 것을 안타까워하는 사장의 숨겨진 마음을 이해하지 못해서 월급을 올려주지 않는다며 불만으로 투덜대고, 어떤 사장은 본의 아니게 지각한 직원을 째려보며 게으르고 불성실한 직원이라고 단정해버리게 되는 것은 서로가 서로를 이해하고 싶은 마음이 전혀 없기 때문이다.

선생님은 학생의 학업성적이 떨어지면 학생의 입장에서

이해하고 더 나은 성적이 나오도록 따뜻하게 지도하기보다는 학생을 선불리 판단해서 훈계하고 혼내고, 학생은 선생님의 입장에서 자신의 불량스로운 행동으로 인해 얼마나 난처한 입장이 되실까 생각해주기 보다는 오로지 자신 위주로 생각해버리고 행동함으로써 서로간의 소통의 길이 꽉 막혀버리는 것이다.

이와 같이 서로를 이해를 한다는 일은 인간이 살아가는 세계에서 너무나 커다란 영향을 미치는 중요한 일이다.

이해심이 풍부한 사람은 뜨거운 땡볕을 피하게 하는 나무그늘처럼 시원하고 편안한 느낌을 주고 고마운 존재가 될 것이지만, 이해심이 없는 사람은 불편하고 거북한 느낌을 주고 원망스럽고 꺼리고 싶은 존재가 될 것이다.

인간을 이해하라

화사한 봄의 햇살은 금빛으로 온 세상 모든 곳을 차별 없이 환하게 비춘다.

햇살이 머뭇거림이나 이해타산을 따지지 않고 기꺼이 자신의 금빛 영혼을 나누어 여기저기에 골고루 뿌려주듯이 인간의 섬세한 영혼도 매일 끊임없이 자체분열에 의해 자잘하게 쪼개어진 채 여기저기 이곳저곳의 세계를 기웃거리고 있는 중인 것이다. 우리는 그것을 삶이라고 부른다. 삶은 이처럼 세밀한 영혼에서 더 세밀한 영혼으로 분화되어 가는 과정이다.

인간은 원래 단순하고 명쾌한 존재다. 아기들을 보라. 얼마나 단순하고 명쾌한 존재인가. 금방이라도 꽃봉오리가 벌어질 것처럼 탱글탱글한 모습으로 어른들을 매료시키는 우윳빛 피부의 귀여운 아기는 자신이 먹을 분유가 몇 통이나 현재 남아 있는지 굳이 고민하지 않는다. 그 분유의 성분 속에 인체에 유해한 물질이 함유되어 있다는 식약청의 발표나 뉴스에도 소스라치게 놀라거나 동요하지 않는다. 분유가 내일이면 당장 바닥이 드러난다고 해도 굳이 엄마를 불러 자신의 처우에 대한 개선을 조목조목 따져가며 언성을 높여 요구하지 않는다. 아기는 달콤하고 온화한 미소를 방긋거리면서 엄마나 분유회사의 양심에 맡기는 일을 너그럽게 선택한다.

우리는 그렇게 단순 명쾌한 존재였다. 징징거리며 인생에게 구걸하지도 않았고 지독한 상실감으로 자학하며 괴로워하지도 않았다. 주어진 조건에서 나름의 행복을 찾을 줄 아는 햇살 같은 지혜가 있었다.

그렇지만 지금은 어떤가. 매일 숨이 턱에 차오르도록 헐떡이며 시간에 쫓기고 숱한 사람들에게 이런저런 상처를 받기도 하고 일어나길 바라지 않았던 사건들에 의해 자존심의 심층부까지 갈기갈기 훼손되는 아픔을 느낄 때가 있다.

원래는 초록의 입자로 가득한 숲의 공기처럼 깨끗하고 단순명료했던 인간의 영혼은 세밀하게 쪼개져 가고 더 세밀하게 해체 분해되어 가면서 가까스로 이 세상이 원하는 삶에 적응해가고 있는 것이다.

모든 이해 가운데 인간에 대한 이해가 가장 먼저 선행되어야 하는 것은 갈수록 황폐화되어가는 타인의 본질을 그들의 시각에서 바라보아야만 하기 때문이다.

그렇다면 궁금하지 않을 수 없다. 왜 인간은 귀찮고 번거롭게 다른 사람들과 교감을 하며 살아야만 하는가.

인간과 인간 사이에는 커다랗게 벌어진 틈이 있다. 그 틈의 양 끝에 매달려 있는 것은 서늘한 감정의 대립이다. 하지만 다행스럽게도 그 대립을 해결할 수 있는 방법이 있다.

그것이 바로 마음과 마음이 주고받는 따뜻하고 의미 있는 생각들이다. 그 생각들이 인간과 인간 사이에 있는 각각의 특성과 갈등으로 생길 수 있는 빈 공간을 촘촘하게 메워주는 역할을 한다. 그러므로 인간의 아픔과 고통과 슬픔을 치유하기 위해서는 이해와 소통이 필요하다.

인간과 인간 사이에 텅 비어 있는 대립의 빈 공간을 빨리 메워주지 않으면 그 안에 인생을 좀먹는 고민거리들과 절망에 대한 비틀어진 욕구 등이 자생하여 번식하게 된다. 초기에 발견해 정성들여 치료해주지 않으면 어떤 최첨단 의학으로도 고칠 수 없는 악성세포처럼 그것들은 순식간에 자가 증식해서 한 인간의 삶을 나락으로 떨어지게 만든다.

공허하게 비어 있는 인간들 사이의 빈 공간을 어떤 것들로 채워나가야 할까. 그것의 시작과 끝을 이어주는 것이 바로 교감이다. 사람과 사람 사이에는 온정이 있는 교감이 필요하다. 그래서 우리는 서로를 이해해야만 한다. 명쾌하고 단순하며 청초한 영혼을 다시 되찾기 위해서도 우리는 서로의 마음속에 은밀히 감춰진 삶의 생채기를 들여다 볼 줄 알아야 한다. 누군가의 마음속을 살며시 들여다보는 것이 이해의 시작이다.

첫 단추를 잘못 끼우면 그 아래 단추들이 어긋나는 것처럼 이해에도 순서가 있다. 모든 이해의 선두에는 인간에 대한 이해가 자리 잡고 있다. 살아 숨 쉬는 동안에는 항상 인간을 이해하기 위해 노력하라. 그것이 울고 싶어도 마냥 울고 있을 수만은 없는 내 인생에 대한 올바른 처신이다.

자신의 인생을 사랑한다면 다른 사람을 이해하여야 한다. 그래야만 그대의 인생이 행복해질 수 있다. 행복이란 것은 늘 타인과의 원만한 교류를 필요로 한다.

소통이란 서로 이해하는 것이다. 한 사람을 진심으로 이해해준다는 것은 그의 인생에 잃어버렸던 미소를 되찾아 줄 수 있다는 것과 같다.

의지에 대해 이해하라

우리들이 살고 있는 지구에는 참으로 다양한 가치관과 세계관을 가진 인간들로 늘 북적인다. 어떤 곳은 인구가 너무 많아 출산을 자제시키려는 정책을 필사적으로 펼치기도 하고, 또 어떤 곳은 너무나 가난하고 미개하여 피임하는 법을 몰라서 되는 대로 출산하는 바람에 대책 없이 인구가 기하급수적으로 늘어나기도 한다.

무엇이든 너무 지나치거나 모자라는 것은 좋지 않은 결과를 초래한다는 사실을 알 수 있다.

여기 타인의 의지에 자신의 삶을 의탁하며 사는 인간이 있다. 나는 그러한 인간을 리모컨 인간이라고 생각한다.

우리의 일상생활에서 리모컨은 질긴 인연의 애인처럼 줄곧 따라다니며 함께한다. 어떤 사람은 눈을 뜨자마자 그것을 붙잡고 텔레비전이나 오디오를 켜고, 어떤 사람은 잠들기 전까지도 그것을 손에서 놓지 않고 잠이 들기도 한다.

리모컨의 조작에 의해 텔레비전은 시키면 시키는 대로 이 채널 저 채널을 여과 없이 보여주고 오디오는 오디오의 특성대로 이 음악 저 음악을 수시로 들려주며 각자의 영역에서 바쁘게 화면을 펼쳐 보이고 음악을 재생시켜준다.

텔레비전이나 오디오는 오직 리모컨을 손에 쥔 인간의 의지에 의해 타의적으로 움직이고 있는 중인 것이다. 드라마를 보고 싶다고 인간이 리모컨으로 명령하면 드라마를 틀어야만 하고 발라드 음악이 듣고 싶다고 리모컨으로 인간이 명령을 하면 부드럽고 솜사탕 같은 잔잔한 발라드 음악을 들려줘야만 하는 것이 그들의 임무인 것이다.

인간들 중에서도 자신의 의지가 아닌 다른 사람의 눈치를 보며 세상을 살아가는 사람들이 있다. 자신이 스스로를 제어하고 이끌어 갈 수 있는 충분한 능력을 지닌 존재라는 사실을 망각하고서 누군가의 의지에 의해 허수아비처럼 살아가고 있는 것이다.

인간이란 존재는 자신의 의지에 의해 살아가야 행복해지는 존재다. 하지만 그것을 깨닫지 못한 그들은, 타인에게 기대고 타인의 생각에 의해 무엇인가를 결정하는 것을 차라리 즐기며 살아간다.

마약에 중독되듯이 의지하는 것도 방치하면 점차 더 심하게 진행되는 중독현상이 있다. 남에게 의지하면서 그렇게 살아가면 삶이 아주 간단하고 편하다는 착각을 하는 것이다.

그렇지만 그렇게 살아가는 사람은 한 가지 사실을 간과하고 있다.

타인의 지시에 따라 시키면 시키는 대로, 바람에 줏대 없이 흔들리는 잡초처럼 이리저리 휘둘리며 살아가면 모든 책임으로부터 홀홀 벗어난 것처럼 가뿐하고 편할지 모르겠지만 조금만 더 그런 굴욕적인 상태가 지속되어 가다보면 본래 지니고 있던 총명함은 사라지고 자신의 본래가치마저 완전히 상실하게 된다. 가치를 상실해간다는 것은 치욕적인 일이다. 세상에서 가장 모욕적인 말은 무엇일까.

'너는 정말 가치 없는 사람이야.'

가치가 없다는 것은 '이 세상을 쓸모없이 살아있는 사람이다.'라는 말과 같다.

물건 하나하나에도 저마다의 그 물건의 고유가치가 있는 것이다. 가치 없는 물건은 당장 쓰레기통에 직행하는 것이 정해진 그 물건의 미래이다. 타인의 의지에 의해 조정당하면서 살아간다는 것은 가치 없는 인간이 되고자 하는 것과 같다.

스스로 해낼 수 있는 일들은 어떤 일이 생겨도 스스로 하라. 자신 인생의 관리자는 바로 자기 자신임을 잊지 말라.

마음에 대해 이해하라

우리는 은은한 장미의 향기와 상쾌한 아침의 공기를 좋아한다. 음식물 쓰레기통에서 스멀스멀 풍겨나는 생선 썩는 냄새보다는 화원에 아름다운 자태로 피어난 꽃잎들의 향긋한 향기를 맡으면 행복해진다. 왜 그럴까.

인간의 후각은 자기가 원한다고 해서 한 가지 특정한 향기만 선별하여서 냄새를 맡지는 못한다. 모든 냄새는 앞 다투어 코를 통해 침입해서 인간의 후각세포를 자극하게 된다. 그래서 맡고 싶지 않아도 우리는 세상의 모든 냄새를 맡고 살아간다.

아침에 눈을 뜨면 밥솥에서 피어나오는 엄마젖 냄새 같은 보들보들한 밥 냄새를 맡고, 세수를 하려고 욕실에 들어가서는 풋풋한 치약 냄새 비누냄새를 맡고, 화장을 할 때는 갖가지 인공향료가 섞인 알싸한 화장품냄새를 맡고, 출근하거나 등교하기 위해 집을 나서면 자동차들이 내뿜는 매캐한 배기가스 냄새를 맡고, 회사나 학교에 가서는 친구들의 냄새, 동료들의 냄새, 콘크리트 건물 내벽에서 배어나오는 딱딱한 질감의 냄새를 맡는다.

세상의 모든 냄새! 그렇다. 식물이든 동물이든 무생물이든 각자 고유한 냄새가 있다.

향기로운 냄새가 나는 아기의 보드라운 우윳빛 볼에 얼굴을 가까이 해보면 어떤 악인도 살며시 미소를 짓게 될 것이며 향기로운 냄새가 나는 아카시아 꽃그늘 아래에 앉아 있노라면 어떤 냉정한 사람이라도 세상을 향해 긍정적인 눈짓을 보내게 될 것이다.

인간 역시 개개인마다 다양한 냄새를 지니고 있다. 어떤 사람은 내장이 뒤틀릴 것 같은 역겨운 악취가 나는가 하면, 어떤 사람은 아름다운 향기가 난다.

우리가 원하는 사람은 어떤 사람일까. 정상적인 사람이라면 누구나 고운 향기를 풍기는 사람에게 끌리게 되어 있다. 그것은 마치 식물이 햇살이 비추는 쪽으로 기울어지는 것과 같다. 향기로운 마음을 지닌 인간은 타인을 행복해지게 만들기 위해 자신과 접촉하는 모든 것들에게 행복한 느낌의 햇살들을 건네주고 있다.

향기로운 마음을 지닌 인간은 맑고 청아한 동정심이 있는 인간이다. 사람을 바라볼 때 배경과 드러난 행동만 보지 않고 그 내면의 아픔과 슬픔과 고독까지도 들여다 볼 줄 아는 깊은 시선을 가지고 있어서 적당한 위로를 언제 주어야 할지를 아는 인간이다.

인간세계에는 얼음과 같은 차가운 마음의 인간들이 도처에 부지기수로 널려 있다. 어쩌면 우리도 그처럼 차가운 마음을 지니고서 이제껏 살아오고 있었는지도 모른다. 그러나 이제는 애틋한 동정심을 품으며 향기로운 마음을 지닌 인간으로서 거듭 나야 할 것이다.

꽃들은 주체할 수 없을 만큼 찬란한 향기를 내뿜으며 한정된 시간을 화려하게 피어 있다가 결국 어느 날엔가는 마르고 퇴색한 채 땅 위에 떨어져 목숨을 잃고 말 것이지만, 향기로운 마음을 지닌 인간은 결코 그처럼 덧없이 시들지 않으며 영원토록 세상을 순수한 상태로 정화시켜줄 수 있다. 꽃은 우주의 일시적인 소모품이지만 인간은 우주의 최대 걸작이며 시들지 않는 생명의 표본이기 때문이다. 인간은 죽어서도 향기로울 수 있다. 인간에게는 영혼이 존재하고 있음을 기억하라.

그대가 향기로운 마음으로 사람들을 대한다면 그대에게 증오의 칼을 들이대던 철천지원수마저도 눈물을 흘리게 하고 무릎을 꿇게 하며 감동시키게 될 것이다. 나 이외의 것들을 불쌍하게 여기는 마음이 바로 향기로운 마음이다.

무관심은 인간에게 가장 큰 상처를 남기는 일이다.

노인들은 늙고 병들어서 몸이 아픈 것보다 사랑하는 자식들의 무관심과 믿어왔던 사회의 무관심에 더 많이 상처 받고 외로워하며 근근이 살아간다. 연인들도 헤어진 후에 상대의 무관심으로 인해 기억에서 소실될 것을 가슴 속으로 슬퍼한다. 하물며 식물도 인간이 자신을 본 체 만 체하면 무관심에 지쳐서 일찌감치 생명 유지에 대한 의욕을 잃고 시들어버리고, 동물도 무관심에는 소외감을 느끼고 갖은 구애로써 애정을 갈구하기 마련이다. 신은 서로가 서로를 위해주고 아껴주라고 인간을 혼자가 아닌 여럿으로 만들어 놓았을 것이다. 그렇지 않았다면 굳이 인간을 이렇게 많이 만들어 놓을 필요는 없지 않겠는가.

이 지구상의 전 인류가 자신의 옆집에 홀로 사는 사람이 지금 살았는지 죽었는지조차 모르고, 친구가 어떤 고민거리를 지니고 살아가고 있는지도 끝내 몰라준다면, 얼마나 더 이 세계는 캄캄하고 어두워지겠는지 생각만으로도 아찔하다. 아주 다행히도 많은 사람들은 자신에게 쏟는 애정만큼은 아니어도 적당한 관심의 촉수를 뻗어 타인을 조금씩은 살펴보면서 살아간다.

그렇지만 모든 사람이 다 그렇게 살아가는 것은 아니다. 여전히 무관심의 가파른 정점에 서 있는 사람들이 더러 있음을 간과해서는 안 될 것이다. 무관심한 마음을 지닌 인간은 과장을 조금 보태면 얼굴을 드러내지 않는 베일 속의 살인자와 다름없는 냉혈한 인간이라고 할 수 있다. 연쇄살인범이나 어린이를 유괴 살해한 끔찍한 범인들을 보면서 우리들은 고개를 절레절레 흔들고 치를 떤다. '어떻게 인간의 탈을 쓰고서 저럴 수가 있단 말인가'하며 증오한다. 그런데 어찌 보면 그들에게 어둠 속에서 조용히 협조한 것이 우리 자신인지도 모른다는 사실을 생각해 볼 필요가 있다. 우리가 사회적 약자이며 정신적 열등생인 그들에게 무관심했기 때문에 범죄를 사전에 예방

할 수도 있는 좋은 기회를 놓쳤던 것인지도 모를 일이기 때문이다.

조금만 더 다른 생명들에게 그대가 관심을 기울여준다면, 급습하는 고독과 소외감에 진저리치던 그들을 외롭지 않게 만들어줄 수 있을 것이다. 그대에게도 누군가가 조금만 아주 조금만 더 관심과 사랑의 표현을 해준다면 옆구리가 허전하도록 쓸쓸하지 않을 수 있을 것이다. 오늘은 이 세상에 무슨 일이 일어나고 있는지, 이웃들에게는 어떤 도움이 필요한지, 친구에게는 요즘 어떤 고민거리가 있는지, 가족에게는 어떤 일들이 벌어지고 있는지를 아주 조금만 더 관심을 갖고 지켜보아주는 관심이 필요한 것이다.

무관심한 마음을 지닌 인간이 되는 길은 정말 아주 쉽다. 세상에 무슨 일이 벌어지든 말든 나와는 아무 관계없다고 생각하며 나 몰라라 하면 되는 것이다. 타인에게 무슨 일이 생기든 말든 나와는 별 상관없는 일이라며 모른척하며 시치미 뚝 떼는 것이다. 점점 가속화되어가는 지구온난화로 남태평양의 어느 평화로운 섬나라가 국토를 포기할 만큼 바닷물에 안타깝게 잠겨간다고 해도, 나는 아무런 스스럼없이 더 빛나는 윤기를 얻기 위해 욕실 거울 앞에서 스프레이 통을 들고 쏟아 붓듯이 머리카락에 뿌려주고, 먹을 것이 없어서 며칠 째 끼니를 거르고 있는 가난한 이웃을 외면하고 나는 배가 터지도록 배부르게 먹고도 남아 멀쩡한 음식을 아무런 죄책감 없이 음식물 쓰레기통에 거리낌 없이 버린다.

그런데 그대는 알고 있는가. 무관심은 결국엔 다시 되돌아오는 부메랑 같은 것이라는 것을. 그것도 두 배 세 배로 대폭 증가된 고통을 수반해가지고서 자신에게 되돌아올 것이다.

우리는 모두 무형의 미세한 끈으로 긴밀하게 연결되어 있는 서로에게 꼭 필요한 존재들이다. 이러한 미세한 본질의 동일성으로 이루어진 끈에 의해 세계인이 하나로 연결되어 있으므로 우리는 아무런 혈연관계가 아닌 사람이라도 얼굴도 이름도 전혀 생소한 사람이라도 뼈아픈 고통을 당하는 모습을 보면 가슴이 아프고 그들이 환하게 웃으며 기뻐하는 모습을 보면 살며시 흐뭇해지는 것이다.

자신을 둘러싼 환경에 포함된 숱한 사람들을 따뜻한 눈길로 바라보라. 그들과 그대는 본질의 동일성이라는 길고도 질긴 인연의 끈으로 확실하게 연결되어 있다. 그 끈이 우리 인간의 눈에는 보이지 않아서 때로는 그들과 자신의 관계에 대해 회의적인 느낌을 가질 수도 있지만 결국엔 하나의 공통된 끈으로 밀접하게 연결되어 있음을 명심하라.

타인의 고통에 최대한 민감하게 반응하고 타인의 슬픔에 허물없이 함께 눈물지어 줄 수 있어야 한다. 타인의 기쁨과 성공은 가끔 몰라주어도 괜찮지만 타인의 절실한 아픔을 매정하게 몰라준다면 그를 뼈를 깎는 고통의 수레바퀴 속에 내던져 둔 채 방치하고 마는 결과를 초래할 것이다. 그를 고통의 수레바퀴 아래 넣어두고 오래 내버려둔다면 그는 결국 뜨거운 고통의 연옥 속에서 숨이 막히고 살이 타버려 숨이 멈추고 말 것이다. 그리고 먼 훗날 그대와 그는 결국엔 하나의 존재가 될 것이므로 그의 고통은 고스란히 자신의 내면에 스며들어 그대의 고통이 될 것이다.

아직 늦지 않았다. 오늘부터라도 무관심했던 마음의 빗장을 열고 관심과 사랑의 은빛 실타래를 풀어서 세상 속으로 순결함이 가득한 사랑의 마음을 흘려보내도록 하자.

타인의 태도를 이해하라

자, 이제 나는 마지막으로 여러분과 함께 인간의 기본적으로 갖추어야할 태도에 대해 생각해 볼까 한다. 여러분과 나는 한 번도 만난 적도 없고 대화한 적도 없으며 메일 한 통 주고받은 적 없는 사이이지만 나는 그대에게 무한한 존경과 사랑을 보낸다.

그대가 수많은 책 중에서, 이 책을 선택해서 읽고 있다는 자체가 나는 고맙고 사랑스럽기 때문이다. 그래서 어떻게 하면 조금이라도 더 이해하기 쉽고 지루하지 않으면서도 책값이 아깝다는 생각이 들지 않는 글을 전할 수 있는 문장을 만들까를 생각하며 글을 집필하고 있다. 이러한 마음이 내가 글을 쓰는 태도다. 그대는 지금 이 책을 읽고 있다. 어떤 태도로 읽고 있는지는 알 수 없지만 분명히 어떤 태도를 취한 채 읽고 있는 것만은 확실할 것이다. 쾌적한 환경의 방 안에 편안히 앉아서 호의적인 눈빛으로 읽을 수도 있고, 길거리 벤치에 앉아서 친구를 기다리는 시간에 잠시 눈요기 거리로 읽을 수도 있으며, 전철 안에서 졸린 눈을 억지로 치켜뜨며 친구가 건네준 이 책을 겨우겨우 읽어가고 있는지도 모르고, 수많은 책들이 진열된 대형서점에서 이 책이 과연 아까운 돈을 지불하고 살만한 가치가 있는 건지 날카로운 시선으로 읽고 있을 수도 있다.

어찌 되었든 우리들은 자신만의 태도가 있다.

태도란 행동하는 양식이라고 할 수 있을 것이다. 인생에 대한 가치관이 내면화되어 그 사람의 고유한 행동특성이 되고, 그것이 반복되면서 그만의 독특한 태도가 되기 때문이다. 태도는 습관적인 면이 강하며 중독성도 있어서 한 번 몸에 익숙해지면 좀처럼 떨쳐내기가 어려워지는 것이다. 그러므로 우리는 좋은 태도를 가지도록 노력할 이유가 있다. 좋은 태도는 자신이 꿈꾸는 세상으로 인도하는 가장 확실한 동반자이기 때문이다. 어떤 태도를 지닌 사람들이 성공하는 삶을 살아가는

지에 대해 깨달음을 터득한다면 자신이 어떤 태도를 선택하는 데 참고사항이 될 것이다.

그대가 지녀야 될 기본적인 마음은 인간에 대한 이해이다.

'저 사람은 나태하다'는 말을 듣게 된다면 게으른 사람이라는 느낌과 더불어 뭔가가 꽉 막힌 일상을 살아가는 사람일 것이라는 생각이 언뜻 떠오른다. 하지만 그에게는 그만의 세계가 있을 것이다. 자신만의 작고 어두운 세계에 갇힌 채, 밝은 양지 대신 습한 음지로 점점 숨어들면서도 그곳이 지상에서 가장 아름다운 곳이라고 생각한다. 그러므로 우리는 그러한 나태한 인간을 대할 때 그의 기본적인 인격을 존중하는 마음을 보여주어야 한다.

그는 인생의 실패자나 무능력한 자가 아니라 다만 한정된 영역 안에 갇힌 닫힌 영혼을 소유한 사람인 것이다. 그에게 필요한 것은 나태하다고 질책하는 따가운 비판의 목소리가 아니라 좀 더 넓고 트인 세계로 나와서 함께 살아갈 수 있도록 하는 밝고 온화한 응원의 목소리이다.

나태한 인간에게 가장 고마운 사람은 자신의 세계를 있는 그대로 인정해주는 사람이다. 그리고 그는 자기 자신이 게으르다거나 무능력하다고 생각하지 않는다. 다만 아직은 때가 되지 않았을 뿐이라고 생각한다는 것이다.

그의 이러한 생각에 대해 당장은 가슴이 아플지라도 그렇다고 인정해 주어야 한다. 굳이 그의 감추고 싶은 내면의 상처를 들쑤셔서 아프게 할 필요는 없다. 그는 어쩌면 신상의 피할 수 없는 문제로 인해 경제활동을 하지 못할 수도 있으며, 지적 능력이 떨어져서 평범한 사람들처럼 살아가지 못하고 있을 수도 있다. 우리가 그들에게 해줄 수 있는 것은 아름다운 이해심이다. 우리 모두는 서로 서로 아껴주고 사랑해주어야 하는 아기와 같은 존재들인 것이다.

인간은 존재의 동일성으로 인해 모두 친구가 될 수 있다. 그대로 두었다가는 질식할 수도 있는 밀폐된 사고의 좁은 우물에서 하루빨리 빠져나올 수 있도록 우리는 용기를 주고 미래의 희망을 전하는 말들을 나태한 그에게 들려주어야 할 것이다.

나는 여러분에게 너무나 고맙고 감사하다고 말하고 싶

다. 나의 삶은 결코 남들처럼 평탄하지 않았고 매우 고달팠지만 내가 희망이란 꿈을 버리지 않았을 때 다시 아름답고 영롱한 세계를 열어주었다. 이제 아쉽게도 그대와 내가 작별을 맞이해야만 하는 시간이 다가왔다. 나는 다른 책으로 다시 여러분을 찾아갈 것이다. 그동안 그대와 나는 잠시 이별하는 것뿐이다. 이별 앞에서는 가슴이 서늘해지는 것이 우리네 정일 것이다. 여러분이 이 책을 읽는 동안 나와 그대는 서로 교감하며 의지하고 소통했다. 나의 사색의 결정체들이 그대에게 전해지고 그대의 마음 또한 나에게 새롭게 이해되는 시간이 되었음을 고백한다.

인생은 그대에게 어려운 시간들을 끊임없이 잊지 않고 펼쳐줄 것이다. 그러나 그것들은 모두 자신의 의지에 의해서 행운의 것들로 뒤바뀔 수 있는 충분한 가능성을 내포하고 있음을 명심하라. 살아있는 생명들의 소중함을 가슴 속에 각인시키고 영혼의 내부에 사랑이 가득한 생각들을 품어야 할 것이다. 그대가 사랑하는 것들이 웃으면서 행복해할 때 그대의 인생이 더 큰 행복으로 채워질 수 있을 것이기 때문이다. 맑고 순결한 생각들을 하면서 아름다운 상상을 하고 눈에 띄는 모든 것들을 티 없이 사랑하고 마음에 꿈을 간직하며 세상 모든 것들을 이해하려고 애쓰면서 살아간다면 아무리 힘겨운 상황에 처해도 희망의 빛을 잃지 않을 것임을 약속한다.

지금 그대 앞에 놓인 인생은 온전히 그대의 것이다. 그대의 인생을 사랑하라!

이제 더 이상 두려워하지 말고, 움츠러들지 말고, 걱정하지 말고, 나약해지지 말고,

더 용감하고 씩씩하게, 더 부드럽고 유연하게, 더 자상하고 따뜻하게, 더 의연하고 고고하게 단 한 번뿐인 소중한 이 삶을 살아내기를 소망한다.

힘들어도 울고 싶어도 내 인생이니까 포기하지 말고 내가 책임지고 살아가겠노라고 씩씩하게 다짐하라!

Bravo, My Life!

힘들어도, 울고 싶어도
포기할순 없지
내 인생이니까

초판 1쇄 인쇄 | 2019년 10월 5일
초판 1쇄 발행 | 2019년 10월 10일

지은이 | 백정미
펴낸곳 | 함께북스
펴낸이 | 조완욱
등록번호 | 제1-1115호
주소 | 121-251 경기도 고양시 덕양구 행주내동 735-9
전화 | 031-979-6566
팩스 | 031-979-6568
이메일 | harmkke@hanmail.net